JULIA HEINECKE

Land unter Schnee

JAHRHUNDERT-SCHNEESTURM Tobi ist enttäuscht: Zu Weihnachten ist kein Schnee in Sicht, um seinen neuen Schlitten auszuprobieren. Doch am 28. Dezember 1978 ändert sich das Wetter schlagartig. Innerhalb kürzester Zeit fallen die Temperaturen, eisiger Wind kommt auf. Vier Tage tobt ein Schneesturm unbekannten Ausmaßes und trifft die Menschen völlig unvorbereitet. Nach einem rauschenden Polterabend findet eine Busfahrt mitten in der Nacht ihr abruptes Ende, und statt der Hochzeitsgesellschaft entsteht im »Krog« eine Gemeinschaft aus Wirtsfamilie und Gestrandeten. Dr. Hans Fink macht sich im starken Schneetreiben auf, um seiner Mitarbeiterin bei der viel zu frühen Geburt ihres Kindes beizustehen. Er weiß nicht, dass sich zur gleichen Zeit seine Schwägerin Sibylle und ihr Mann Thomas in hilfloser Lage in ihrem eingeschneiten Auto befinden. Auf dem Truelsenhof wiederum bricht ohne Strom die Viehversorgung zusammen. Und je länger der Schneesturm anhält, desto größer wird Willi Moretzkas Problem: Der Rentner braucht dringend neuen Alkohol.

Julia Heinecke wurde in Berlin geboren, wuchs im nördlichen Schleswig-Holstein auf und ist seit über einem Vierteljahrhundert in Südbaden zu Hause. Sie absolvierte eine Übersetzer-/Dolmetscherausbildung und studierte anschließend Kulturwissenschaften. Heute lebt und arbeitet Julia Heinecke als freiberufliche Übersetzerin, Lektorin und Autorin in Freiburg. In mehreren Publikationen hat sie sich sowohl auf Sachebene als auch in Romanform mit der Kulturgeschichte des Schwarzwaldes auseinandergesetzt.

JULIA HEINECKE

Land unter Schnee

ROMAN

GMEINER

Bei Fragen zur Produktsicherheit gemäß der Verordnung über die allgemeine Produktsicherheit (GPSR) wenden Sie sich bitte an den Verlag.

Besuchen Sie uns im Internet:
www.gmeiner-verlag.de

Im Ehnried 5, 88605 Meßkirch
Telefon 07575/2095-0
info@gmeiner-verlag.de

5. Auflage 2025

Lektorat: Claudia Senghaas, Kirchardt
Satz: Mirjam Hecht
Umschlaggestaltung: U.O.R.G. Lutz Eberle, Stuttgart
unter Verwendung eines Fotos von: © Privatarchiv Julia Heinecke
Druck: CPI books GmbH, Leck
Printed in Germany
ISBN 978-3-8392-0274-6

Inhalt

1
Weihnachten 1978

Auf dem Satellitenbild sehen wir einen Wolkenwirbel über dem Atlantik und von ihm ausgehend Wolkenbänder nach Nordspanien und Südfrankreich. Sie gehören zu den atlantischen Tiefausläufern, die morgen von Südwesten auf Deutschland übergreifen. Ihnen folgt verhältnismäßig milde Meeresluft. Die Vorhersage für morgen: neblig trüb oder stark bewölkt und zunächst nur vereinzelt leichter Niederschlag. […] Schwacher Wind, vorherrschend aus südlichen Richtungen.

Tagesschau, 23.12.1978

*

»Frohe Weihnachten, Herr Doktor.«

»Danke, Frau Erichsen, Ihnen auch.« Doktor Fink stand auf und schüttelte die ausgestreckte Hand seiner Patientin. Mit seiner linken machte er eine öffnende Geste Richtung Tür.

»Und nochmal vielen Dank.«

»Nichts zu danken. Feiern Sie schön.«

Doktor Hans-Peter Fink schloss die Tür hinter sich und ließ sich in seinen Stuhl fallen. Er atmete tief durch. Frau Erichsen war die letzte Patientin vor den Weihnachtsfeiertagen. Heute war der 23. Dezember, und wie immer am Sonnabendvormittag gab es in seiner Praxis in Söreby eine Sprechstunde. Jetzt war der Arzt froh, dass es geschafft war und er sich auf die Festtage einstellen konnte. Erst am 27. Dezember würde er wieder regulär öffnen. Und den ersten Bereitschaftsdienst gab es an dem Silvesterwochenende. Vier schöne freie Tage winkten.

Hans schaute aus dem Fenster. Von weißen Weihnachten konnte keine Rede sein. Der Praxisgarten präsentierte sich in einem schlammigen Grün-Braun. Tobi, der jüngste Sohn, würde enttäuscht sein, wenn er morgen seinen Schlitten unterm Weihnachtsbaum vorfinden und nichts damit anfangen konnte. Hans' Blick verharrte im Garten, während seine Ohren die Hintergrundgeräusche aus dem Anmeldebereich der Praxis wahrnahmen. Er hörte geschäftiges Treiben und fröhliche Stimmen. Schließlich klopfte es an seine Tür. Seine Frau Rena schaute herein.

»Kommst du, Hans? Wir haben den Sekt schon rausgeholt, und ein paar Häppchen gibt es auch.«

Hans lächelte Rena gedankenverloren an.

»Ja, sicher, sofort, ich bin gleich da. Ich muss noch kurz was aufschreiben.«

»In Ordnung.«

Die Tür fiel wieder ins Schloss. Hans nahm einen Kugelschreiber und griff nach der Karteikarte von Frau Erichsen. Er musste noch notieren, was sie besprochen hatten. Frau Erichsen hatte Diabetes, und dass sie bei Angeliter Sahnetorten nicht widerstehen konnte, sah man leider an ihrer Figur und an ihren Zuckerwerten. Sie würde das Insulin wieder mal erhöhen müssen, dabei, war Hans überzeugt, müsste sie einfach nur sorgfältiger und weniger üppig essen. Ein paar Kilos abspecken. Aber da konnte er mit Engelszungen reden, so viel er wollte, bis jetzt hatte er bei seiner Patientin noch nichts erreichen können.

Hans klappte die Karte schließlich zu, klopfte einmal mit ihr auf seinen Tisch und verließ sein Sprechzimmer.

In der Anmeldung goss Rena gerade den Sekt in die aufgereihten Gläser und im dahinterliegenden Pausenraum richteten die Arzthelferinnen Schinken- und Käsebrote und Keksteller. Auch die Putzfrau Frau Andersen war gekommen.

»Da sind Sie ja, Herr Doktor«, rief Annemarie, die älteste Mitarbeiterin, die schon zwanzig Jahre bei seinem Vorgänger gearbeitet hatte. »Das ging ja fink, äh, flink.« Sie lachte laut über ihren Witz.

»Haha«, erwiderte Hans, der diesen Kalauer über seinen Namen langsam nicht mehr hören konnte.

»Mein Gott, Annemarie«, sagte Michaela, die zweite Angestellte, »der Spruch hat echt soooo'n Bart.« Sie machte eine entsprechende Handbewegung.

»Käseschnitte oder Plätzchen?«, fragte Maike, die Auszubildende im dritten Lehrjahr. Sie streckte ihm einen Keksteller entgegen.

»Pfeffernüsse von Frau Erichsen?«, fragte Hans erwartungsvoll. Maike nickte.

Erfreut griff er zu. Diese Pfeffernüsse schmeckten einfach legendär, und sie wurden alle Jahre wieder von der Praxismannschaft erwartet. Und auf Frau Erichsen, zu hoher Blutzucker hin oder her, war Verlass. Hans stopfte sich gleich eine ordentliche Portion in den Mund. Dann nahm er das Sektglas, das ihm Rena reichte, und schluckte die Pfeffernüsse herunter.

»Sind alle da?« Er schaute sich um.

»Gunda fehlt noch«, erinnerte Annemarie an die vierte Arzthelferin.

»Ja, kommt sie denn noch? Sie war ja schon ewig nicht mehr in der Praxis«, wollte Michaela wissen.

»Sie muss liegen«, erklärte Rena. »Sonst kommt das Kind zu früh.«

»Also, dann lasst uns einfach anfangen. Wer nicht kommt, hat Pech gehabt.« Annemarie lachte laut. »Trinken darf sie in ihrem Zustand ja sowieso nix mehr.«

»Also«, Hans räusperte sich, er war kein großer Redner, »dann nutze ich die Gelegenheit und bedanke mich für die gute Zusammenarbeit, für Ihren Einsatz in diesem Jahr und wünsche allen ein schönes Weihnachtsfest. Prost!«

»Prost, Chef!«

Sie stießen miteinander an. Rena und Hans schauten sich dabei in die Augen. Endlich Feierabend, dachte Hans. Endlich ein bisschen Zeit für uns, bevor morgen der Sturm losgeht und die Verwandtschaft einfällt. Er hoffte auf einen entspannten freien Nachmittag und Abend mit seiner Frau und den drei Kindern. Noch zwanzig Minuten, und er konnte den Anrufbeantworter einstellen. Dann übernahm der Kollege aus der Nachbarpraxis fünfzehn Kilometer entfernt den Notdienst bis zum Morgen des 27. Dezembers.

Zur gleichen Zeit, als Michaela mit ihrem Chef und ihren Kolleginnen auf das bevorstehende Weihnachtsfest anstieß, lag ihr Schwiegervater Otto auf dem Scheunenboden und fluchte. Er wusste nicht, ob vor Schmerzen oder aus Ärger über seine eigene Dummheit. Er spürte, wie die Spitzen der Mistgabel in seinen Allerwertesten stachen. Gleichzeitig brummte ihm der Schädel, denn den Kopf hatte er sich auch noch am Forkenstiel gestoßen, als er sich durch die Unordnung in der alten Scheune wühlte. Nur deshalb war er überhaupt ins Straucheln geraten, hatte die Mistgabel, die an der Wand lehnte, bei seinem Versuch, sich abzustützen, mitgerissen und war so unglücklich gestürzt, dass er genau auf der Forke landete.

Es war unglaublich, dass Achim und Michaela hier so einen Verhau hinterließen. Nichts fand man wieder. Otto ächzte.

»Gerdi!«, rief er laut.

Als wenn sie ihn hören würde.

»Achim!« Jetzt brüllte er.

Otto langte mit seiner rechten Hand an seinen Hintern und griff nach der Mistgabel. Er biss die Zähne zusammen und zog das Arbeitsgerät aus seiner Haut. Diese Bewegung kostete den alten Bauern alle Kraft, die er aufbringen konnte. Er stöhnte und tastete. Als er die Hand wieder vorzog, war sie rot. Es sah nicht gut aus. Mit der ihm typischen Willenskraft richtete Otto sich auf.

»So'n Schiet aber auch!«

Mühsam und gebückt quälte er sich zum Ausgang. Am Tor hielt er sich fest und stöhnte laut. Otto sah hinüber zum großen Wohnhaus, das auf der anderen Seite des Hofplatzes stand. Genau dazwischen ragte die jahrhundertealte Eiche mit ihrem mächtigen Stamm und dem dichten Geäst in den Himmel, und direkt davor stand die Bank, auf der er und Gerdi in den Sommermonaten gerne saßen. Bis dorthin musste er es schaffen. Er setzte sich in Bewegung.

Der Schmerz in seinem Gesäß war so stark, dass Otto aufpassen musste, nicht ins Taumeln zu geraten.

»Aua«, schrie er.

Er konnte sich nicht aufrecht halten, zu sehr pochte und zog es. Schließlich ließ er sich auf alle viere nieder. Wie ein nasser Hund verharrte er und versuchte, Kraft zu schöpfen. So, in dieser Position, wollte er bestimmt nicht gesehen werden.

»Vadder? Was machst du denn da auf dem Boden?«

Otto hatte seinen Sohn Achim nicht kommen sehen, und er konnte ihn immer noch nicht entdecken. Die Stimme kam von hinten.

»Quatsch nich' rum, hilf mir lieber.«

»Was ist denn passiert, du bist ja hinten voll mit Blut.« Achim klang entsetzt.

»Deswegen wollte ich ja ins Haus.«

»Wo kommt das her?«

»Verfluchte Mistgabel, die ihr nicht wegräumt«, knurrte Otto unwirsch. »Nu' hölp mi!«

»Du musst zum Arzt, das sieht bös aus. Wart hier, ich hole das Auto und sag Mudder Bescheid.«

Sein Sohn ließ ihn einfach so auf alle vieren hocken. Otto wünschte, er könnte seine Position ändern. Aber er wusste nicht, wie.

Im Pausenraum ließ sich Hans gerade das zweite Glas Sekt einschenken. In diesem Moment hatte sein Feierabend angefangen, das Telefon war umgeleitet, nichts sollte ihn jetzt noch in seiner Entspannung aufhalten. Die Stimmung war ausgelassen, alle lachten und sprachen angeregt miteinander.

»So, jetzt muss ich gehen.« Annemarie stellte schwungvoll ihr geleertes Glas auf den Tisch. »Mein Mann wird sauer, wenn ich ihn so kurz vorm Fest mit den Kindern so lange allein lasse. Gibt ja noch genug zu erledigen.«

»Deine Kinder sind doch schon groß«, meinte Michaela, »was soll ich da sagen?«

»Immerhin hast du die Schwiegereltern im Haus«, entgegnete Annemarie.

»Auch nicht immer einfach«, fand Michaela und lachte.

In diesem Moment klingelte und klopfte es an der Praxistür.

»Das klingt dringend.« Hans schaute sein volles Sektglas bedauernd an, während Michaela zur Tür ging.

»Was macht ihr denn hier?«, hörte man sie rufen. Wenige Augenblicke später schaute sie in den Aufenthaltsraum.

»Chef? Meinen Schwiegervater müssten Sie sich mal dringend anschauen, er hat sich eine Forke in den Hintern gehauen.«

»Oha!« Annemarie lachte auf.

Hans seufzte so leise, dass es keiner hören konnte. Sein verdienter Feierabend verschob sich nach hinten. »Ich komme. Assistieren Sie mir?«, fragte er Michaela.

»Ja, klar.«

»Also«, Hans erhob sich, »dann wünsche ich allen noch mal frohe Weihnachten. Wahrscheinlich sind Sie ja schon weg, wenn wir damit fertig sind. Bis nächste Woche. Schönes Fest.«

»Schönes Fest, Herr Doktor.«

»Ich komme gleich, Rena.« Hans drückte seiner Frau kurz die Hand, die sich daran machte, die Sektgläser zum Spülen zusammenzustellen.

Hans-Peter Fink war Landarzt aus Leidenschaft, aber bevor er seiner Frau zuliebe hierher aufs Land nahe der dänischen Grenze gezogen war, hatte er in Frankfurt lange in der Chirurgie gearbeitet, und er verstand sein Handwerk so gut, dass ihm die Patienten auch bei großen Verletzungen vertrauten. Nun besah er sich die Wunden von Bauer Truelsen, der mittlerweile mit blankem Hinterteil auf der Liege in dem kleinen OP lag. Die Mistgabel war offensichtlich tief ins Gesäß eingedrungen und hatte drei massive Wunden hinterlassen, aber es war nichts, was Hans vor große Herausforderungen stellte.

»Die Wunde muss auf jeden Fall nicht genäht werden«, stellte er fest. »Es reicht, wenn ich eine gründliche Wundreinigung vornehme.«

»Dann machen Sie hinne.«

»Wann hatten Sie denn Ihre letzte Tetanusimpfung?«

»Was weiß ich denn.«

»Dann bekommen Sie jetzt vorsorglich eine.«

Während Otto Truelsen noch über sein Missgeschick jammerte, reichte Michaela Hans die aufgezogene Tetanusspritze, die er gleich verabreichte.

»Ist gleich vorbei«, tröstete er.

»Ich bin aber auch ein Dösbaddel«, fluchte Otto. »So dumm kann doch keiner sein.«

»Das kann jedem passieren«, beruhigte Michaela ihren Schwiegervater, während sie den Bereich um die Wunde großräumig mit Desinfektionsmittel bestrich. »Und so schlimm sehen die Wunden gar nicht aus.«

»Mach dich nur lustig über mich! Jetzt lieg ich hier mit blankem Hinterteil, und du lachst.«

Michaela tauschte mit Hans einen vielsagenden Blick und schwieg. Hans wusste, dass sie es in ihrer angeheirateten Familie nicht immer leicht hatte. Der alte Truelsen konnte nicht loslassen, meckerte an allem herum und kommandierte seine Frau und seinen Sohn umher. An seiner Schwiegertochter, die nicht von einem Bauernhof stammte und damit keine Bäuerin war, wie Otto es vorschwebte, biss er sich die Zähne aus. Auf dem Hof lebten die Alten im selben Haus, zwar etwas abseits in ihrem eigenen Wohnteil, doch für Michaela immer noch zu nah. Mit ihrer Schwiegermutter kam sie zurecht, aber um Otto machte sie lieber einen Bogen.

»So, jetzt wollen wir mal sehen«, meinte Hans. »Geht es mit den Schmerzen?«

»Jaja, legen Sie endlich los.«

»Gut.« Hans schaute sich die Wunden genau an und reinigte sie sorgsam. Er war beeindruckt, wie tief eine simple Mistgabel durch eine dicke Stallhose dringen konnte. Aber in der Landwirtschaft gab es nichts, was es nicht gab. Hans hatte schon die kuriosesten Verletzungen erlebt, seit er hier oben im Norden seinen Dienst tat.

»So, geschafft«, sagte er kurz darauf zufrieden. »Mit dem Sitzen könnte es vielleicht ein bisschen schwierig werden. Das wird wohl eher ein Weihnachtsfest im Liegen.«

»Auch das noch. Schöne Bescherung.«

»Wird schon nicht so schlimm«, beruhigte Michaela und grinste Hans an, ohne dass es ihr Schwiegervater bemerkte.

»Ich gebe Ihnen Schmerzmittel mit. Und ein Antibiotikum, damit es nicht noch Entzündungen gibt. Nach den Feiertagen kommen Sie dann zur Kontrolle. Und Sie haben ja Glück, dass Michaela Ihnen bei Bedarf die Verbände wechseln kann. Ich gebe Ihnen noch Verbandsmaterial mit, damit Sie über die Feiertage kommen«, wandte er sich an seine Arzthelferin.

»Das fehlt noch, das kann auch meine Frau machen.«

»Kein Problem, Otto, ich reiß mich nicht drum«, erwiderte Michaela. »So, jetzt steh mal auf.«

Sie hielt ihren Schwiegervater fest, während dieser langsam von der OP-Liege herunterkroch.

»Die olle Stallhose mit dem ganzen Blut ziehst du jetzt nicht mehr an.« Michaela hielt Otto aufrecht, der schwankte. »Du musst jetzt in Unterhose nach Hause. Aber keine Sorge, hier ist niemand mehr, der dich sehen könnte. Und besonders kalt ist es draußen ja auch nicht.«

Langsam gingen sie in den vorderen Bereich der Praxis, wo Michaelas Mann vom Stuhl aufsprang.

»Alles gut, Herr Truelsen«, beruhigte Hans ihn, »Ihr Vater muss sich nur ein bisschen ausruhen. Und er sollte nicht auf seinen Wunden sitzen. Nach Weihnachten kommen Sie dann wieder mit ihm vorbei. Frohe Weihnachten.«

»Danke, Herr Doktor. Und frohe Weihnachten.«

Später, nach dem Mittagessen, setzte sich Hans im Wohnzimmer aufs Sofa und schaute aus dem Fenster. Das Wetter hatte sich nicht geändert, der Himmel blieb heute wolkenverhangen und grau, die Temperaturen waren im deutlichen Plusbereich. Hans liebte den Ausblick in den Garten und darüber hinaus. An sein Grundstück grenzte ein schmales Feld, und jetzt im Winter konnte man dahinter in der Ferne einen schmalen Streifen der Ostsee erkennen. Die gefällige flache und mitunter leicht hügelige Landschaft mit ihren zahlreichen Knicks hatte es Hans angetan, und er war sehr gerne von Frankfurt hierhergezogen. Er vermisste die lärmige und dreckige Großstadt kein bisschen.

Zwei Jahre lang hatte er noch im Flensburger Krankenhaus gearbeitet, bevor er in dem kleinen Ort Söreby die Praxis übernommen hatte. Hans und Rena hatten nach der Übernahme ihr Haus direkt daneben gebaut – mit viel Glas, Terrassen auf drei Seiten und genügend Platz für die Kinder und ihre Hobbys. Besonders stolz war Hans auf den offenen Kamin, den er jetzt auf der linken Seite gut im Blick hatte. Nachher würde er noch Holz hereinholen und ein Feuer machen, später dazu einen guten Wein öffnen und mit Rena anstoßen. Und dann wartete er ab, was kommen sollte.

Zunächst würden sie gemeinsam mit den Kindern beim Feuerschein den Weihnachtsbaum schmücken, der jetzt schon auf der Terrasse auf seinen Einsatz wartete. Sie machten das immer gemeinsam, also vor allem Rena mit der zwölfjährigen Mascha, dem neunjährigen Oliver und dem siebenjährigen Tobias. Hans' Aufgabe bestand lediglich darin, dafür zu sorgen, dass der Baum in seinem Ständer festen Halt hatte. Stand der Weihnachtsbaum, war Hans bereit für den Besuch und alles Weitere, was Weihnachten so mit sich brachte. Selbstverständlich kamen Renas Eltern, sie wohnten ja im Nachbardorf und waren oft bei ihnen, weil sie sie bei der Betreuung der Kinder unterstützten. Rena, die eigentlich Renate hieß, diesen Namen aber hasste, arbeitete als gelernte Krankenschwester in der Praxis mit.

Es hatten sich außerdem Renas jüngere Schwester Sibylle und ihr Mann Thomas aus Hannover angekündigt. Sie waren zwar beide recht unterhaltsam, fand Hans, aber zusammen manchmal schwer zu ertragen. Oft stritten sie oder, ganz das Gegenteil, schwiegen sich an. Nur hin und wieder wechselten dann zynische Bemerkungen hin und her. Kinder hatten sie keine. Egal, es war schön, Weihnachten in der erweiterten Familie zu feiern, und Hans freute sich drauf. Rena und die Kinder sowieso.

Rena setzte sich zu ihrem Mann aufs Sofa und kuschelte sich an ihn.

»Schön ruhig«, meinte sie.

»Die Ruhe vor dem Sturm«, erwiderte Hans.

»Die Verwandtschaft kann kommen, ich bin bereit. Meine Mutter hilft mir bei der Gans. Ihr könnt währenddessen ja in die Kirche gehen.«

»Die Kinder werden es nicht mögen, wenn ihr nicht mitkommt.«

Rena lachte. »Ich weiß, aber ich liebe diesen Moment, in dem ihr alle verschwindet und Mama und ich unsere Ruhe haben.«

»Wann kommt deine Schwester?«

»Heute Abend – und sie schlafen bei uns und nicht bei meinen Eltern, haben wir beschlossen.«

Hans schaute erstaunt. »Das wusste ich ja gar nicht.«

»Stimmt, hatte ich vergessen, dir zu sagen.« Rena hielt den Blick ihres Mannes. »Hast du was dagegen?«

Hans seufzte. »Nein, natürlich nicht. Aber sie streiten ständig. Und wenn sie nicht streiten, dann behandeln sie sich gegenseitig wie Luft. Es ist anstrengend.«

»Du übertreibst«, widersprach Rena. »So schlimm ist es nun auch wieder nicht.«

»Na ja …« Hans sah seinen gemütlichen Abend in Gefahr.

»Sie wollen auch mitschmücken.«

»Wunderbar, dann kann ich ja sitzen bleiben.«

»Kannst du, Hans, kannst du.«

Der 24. Dezember zeigte sich ebenfalls in keiner Weise winterlich.

»Es gibt überhaupt keine weißen Weihnachten«, beklagte Mascha am Frühstückstisch.

»Dafür kommt der Weihnachtsmann und bringt Geschenke«, entgegnete Sibylle.

»Hahaha«, lachte Tobi. »Wer glaubt denn noch an den Weihnachtsmann?«

»Na, du natürlich«, fand Oliver.

»Ich doch nicht«, erklärte Tobi. »Den Weihnachtsmann gibt es gar nicht. Das ist bloß eine Erfindung. Oder es ist irgendein Onkel, der den spielt.«

Sein Onkel Thomas lachte. »Ich habe nicht die Absicht, heute zu verschwinden, um mich zu verkleiden, darauf kannst du dich verlassen.«

»Sei dir da mal nicht so sicher mit dem Weihnachtsmann.« Hans blinzelte Rena über die Köpfe der Kinder verschwörerisch zu. »Nachher gibt es ihn doch, und ihr habt kein Gedicht auswendig gelernt.«

Die Jungen machten große Augen.

»Seit wann müssen wir das denn?«, fragte Tobi.

»Bis jetzt hat es gereicht, dass wir was zusammen singen«, erklärte Oliver.

»Na, es wäre doch schön, wenn ihr uns ein Gedicht

vortragen würdet – oder dem Weihnachtsmann, wenn er kommt.«

»Ihr spinnt ja.« Oliver zeigte einen Vogel. »Können wir aufstehen?«

Die beiden Brüder hatten es jetzt eilig, den Tisch zu verlassen. Nachher kamen ihre Eltern echt noch auf die Idee, sie sollten wirklich ein Gedicht lernen. Da war es besser zu verschwinden.

Mascha blieb sitzen. »Ich kann ein Gedicht, aber ich sag es nicht auf, wenn die Jungs nichts machen«, erklärte sie bestimmt.

Sie hatte als Älteste immer das Gefühl, mehr als ihre Brüder leisten zu müssen.

»Wir werden ja sehen«, erwiderte Rena vielsagend, »sollte der Weihnachtsmann wirklich kommen, bist du wenigstens vorbereitet.«

Mascha schaute erst ihre Mutter, dann ihren Vater, die beide grinsten, an und schüttelte schließlich den Kopf. Wovon redeten sie? Bei ihnen lagen die Geschenke einfach unter dem Baum, wenn sie von der Kirche zurückkamen, und Mascha war sich ziemlich sicher, dass es niemand anderes als ihre eigene Mutter sein konnte. Warum sonst ging sie wohl nie mit in die Kirche? Was sollten also die ständigen Hinweise auf den Weihnachtsmann?

Am Nachmittag stieg die Spannung aus Kindersicht ins Unermessliche. Schon vor der Kirche sprangen alle drei Kinder nervös herum. Vor allem Tobi konnte die Spannung kaum aushalten und ging allen mit seiner Hibbeligkeit auf die Nerven. Als Hans endlich zum Aufbruch rief, war er der Erste, der in der Haustür stand und loslaufen wollte, während Rena im Haus blieb, um die Gans im Ofen nicht aus dem Blick zu lassen.

Früher als erwartet kehrte die Familie zurück.

»Tobi und Oli haben so gedrängelt, dass Papa sich nach der Kirche gar nicht mehr unterhalten konnte«, gab Mascha im Flur Bericht ab.

»Seid froh, dass ihr nicht dabei wart«, meinte Sibylle, während Thomas ihr aus dem Mantel half. »Die Kirche war rappelvoll. Was für ein Gedränge.«

»Und die öde Predigt eures monotonen Pfarrers war auch nicht gerade geistreich«, ergänzte Thomas.

»So schlimm war sie nun auch wieder nicht«, widersprach Sibylle. »Nur, weil er monoton spricht, war seine Predigt inhaltlich doch nicht schlecht.«

»Es war grausam langweilig, und du weißt es, Bille«, entgegnete Thomas von oben herab.

»Hoffentlich finden deine Schüler deinen Unterricht interessanter«, gab Sibylle zurück.

Die beiden Jungs rannten ins Wohnzimmer, Mascha folgte etwas langsamer.

»Da sind ja gar keine Geschenke!«

»Wir zünden jetzt die Kerzen an und trinken erst mal einen schönen Tee. Der Weihnachtsmann wird schon noch kommen«, erklärte Rena.

Die Verwunderung in den Augen der Kinder war groß, aber sie sagten nichts mehr und setzten sich folgsam an den Tisch, während Hans zum ersten Mal an diesem Weihnachten die Kerzen am Baum entzündete.

»Was für ein toller Weihnachtsbaum«, lobte Hermann, Renas Vater, überschwänglich, »das ist der schönste Baum, den wir je hatten.«

Der Rest der Familie hörte kaum auf ihn, denn diese Aussage traf Hermann jedes Jahr aufs Neue. Oma Lisbeth goss allen Tee oder Kaffee ein und reichte Plätzchen und Stollen. Tobi biss in einen Keks und zappelte so sehr auf seinem Stuhl herum, dass er schließlich mit ihm umfiel. Es gab einen ordentlichen Schlag und schließlich Schweigen.

»Alles in Ordnung, Tobi?«, fragte Rena besorgt.

Der Junge startete seinen üblichen Heulton, der bedeutete, dass ihm zwar nichts Schwerwiegendes passiert war, er aber Beistand benötigte. Der Schreck war größer als der Schmerz. Seine Mutter zog ihn vom Boden hoch und nahm ihn tröstend in den Arm.

»Heulboje«, meinte Oliver.

»Wann gibt es die Geschenke?«, fragte Tobi mit zittriger Stimme.

»Das weiß ich nicht. Der Weihnachtsmann hat heute ja ziemlich viel zu tun.«

»Hört doch mal auf mit dem Weihnachtsmann«, jaulte er auf.

»Aber du willst doch Geschenke? Jetzt hab noch etwas Geduld.« Rena strich über den Rücken ihren Jüngsten. »Komm zurück an den Tisch.«

Langsam kletterte Tobi wieder auf seinen Stuhl und griff nach einem weiteren Keks. Die Erwachsenen setzten ihre Unterhaltung fort. Tobi schaute verunsichert Oliver und Mascha an, die selbst etwas verwirrt guckten.

»Den Weihnachtsmann gibt es doch gar nicht«, erklärte Oliver zum wiederholten Male, allerdings nicht mehr so überzeugt wie am Vormittag.

»Wir haben jedenfalls keine Geschenke«, meinte Hans, »also bleibt uns nichts, als abzuwarten.« Er biss in ein Vanillekipferl.

»Gibt es dieses Jahr keine?« Langsam wurde auch Mascha nervös.

»Glaub ich nicht«, antwortete Rena, »du warst doch die meiste Zeit brav.«

In diesem Moment klingelte es an der Haustür. Mascha drehte sich zu ihren Brüdern um. Alle drei wirkten wie erstarrt.

»Jemand muss öffnen«, stellte Oma Lisbeth fest.

Die drei sprangen von ihren Stühlen und rannten zur Haustür. Durch das bodenlange schmale Fenster links neben der Tür blickte jemand, der tatsächlich wie ein Weihnachtsmann aussah. Die Geschwister bremsten abrupt, drehten sich gleichzeitig auf der Stelle um und rannten zurück ins Wohnzimmer.

»Da ist echt ein Weihnachtsmann«, brüllte Oliver aufgeregt.

»Ja, wollt ihr ihm denn gar nicht aufmachen?«, fragte Rena.

Erstaunlicherweise rührten sich Mascha, Oliver und Tobi nicht vom Fleck.

»Jetzt kommt«, meinte Hans, »wir müssen den Weihnachtsmann doch reinlassen.«

Er lief voran, vorsichtig gefolgt von seinen Kindern, die angstvoll schauten, als ihr Vater die Tür öffnete.

»Guten Abend, lieber Weihnachtsmann«, begrüßte Hans ihn, »komm doch bitte rein. Du wirst schon erwartet.« Hans drehte den Kopf zu seinen Kindern und grinste breit. »Soll ich beim Tragen helfen? Es sind ganz schön viele Geschenke.«

»Ho, ho, ho«, erwiderte der Weihnachtsmann, »sehr gerne.«

Kreischend rannten die drei Kinder zurück ins Wohnzimmer.

»Der Weihnachtsmann kommt wirklich!«, rief Mascha.

Schwer beladen trat dieser hinter Hans ein. In seiner Rechten hielt er seine Rute. Die Geschenke wurden abgelegt, und der Weihnachtsmann schaute interessiert in die Runde.

»Guten Abend«, sagte er. »Hier sieht es ja gemütlich aus. Ich hoffe, ich störe nicht.« Nun drehte sich der Weihnachtsmann zu den drei Kindern um. »Für euch habe ich natürlich Geschenke dabei. Aber bevor ihr sie bekommt, muss ich noch mit euch sprechen. Ich habe hier ein paar Notizen«, und damit zog er ein dickes gebundenes Buch aus seinem Sack, »da steht drin, wie ihr euch in diesem Jahr so betragen habt. So, mit wem fangen wir denn an?«

Durchdringend blickte er die Geschwister an, von denen sich keiner vordrängelte.

»Du bist Mascha, die Älteste? Gut, dann geht es mit dir los.« Der Weihnachtsmann blätterte in seinem Buch. »Ah ja. Hier steht, Mascha war in diesem Jahr sehr fleißig und gut in der Schule. Ihr Zimmer ist fast immer ordentlich und aufgeräumt. Wenn es Streit gibt, versucht sie zu schlichten. Ja, Mascha«, jetzt blickte der Weihnachtsmann freundlich, »dann kannst du mir doch bestimmt ein Gedicht aufsagen?«

»Ja, natürlich«, erwiderte Mascha sichtlich aufgeregt. Schnell, aber fehlerlos trug sie *Die Heiligen Drei Könige* vor.

»Sehr schön«, lobte der Weihnachtsmann. »Ich lese hier, dass du sehr gerne reitest, stimmt das?«

Mascha nickte.

»Dann habe ich hier ein paar schöne Geschenke für dich. Frohe Weihnachten, liebe Mascha.«

Mascha strahlte, als sie die eingepackten Schachteln in Empfang nahm. Sie legte sie zur Seite und lief erleichtert zu ihrer Mutter. Mit dem Auspacken wartete sie lieber noch, bis der Weihnachtsmann wieder weg war.

»So, jetzt kommen wir zu Oliver. Das bist sicher du. Komm doch mal zu mir«, forderte der Weihnachtsmann den Jungen auf.

Oliver trat schüchtern vor. Er war noch nervöser als Mascha und brachte kein Wort heraus.

»Oliver.« Der Weihnachtsmann schaute streng, und der Junge trat unruhig von einem Bein aufs andere. »Hier steht: Oliver ist ein sehr aufgeweckter Junge, der sich für viel interessiert. Aber leider ist er sehr unordentlich. Sein Zimmer sieht immer schrecklich aus, und auch wenn seine Eltern ihn bitten, doch bitte aufzuräumen, passiert – nichts.« Jetzt schaute er noch strenger, während Oliver verlegen lachte.

Der Weihnachtsmann klappte das Buch zu. »Also, Oliver, dann kannst du mir bestimmt ein schönes Gedicht aufsagen.«

Oliver schüttelte den Kopf. »Nein, ich habe gar keins gelernt.«

»Na, na, na. Ob du da Weihnachtsgeschenke verdient hast oder doch eher die Rute?« Jetzt griff der Weihnachtsmann nach ihr und schwenkte sie bedrohlich. Mascha und Tobi kreischten, während Oliver sich zusammenriss und loslegte:

»Lieber guter Weihnachtsmann, guck mich nicht so böse an, stecke deine Rute ein, ich will auch immer artig sein!«

Der Weihnachtsmann hielt in der Bewegung inne. »Das war knapp. Ein kurzes Gedicht, aber immerhin. In meinem Buch steht übrigens auch, dass du ein großer Autofreund bist. Vielleicht habe ich da etwas für dich.« Und damit übergab er Oliver ein großes Geschenk. Es war das zweitgrößte, das der Weihnachtsmann mitgebracht hatte, Oliver konnte es fast nicht tragen. Erleichtert setzte er sich damit neben Mascha auf den Fußboden.

»So, und jetzt kommen wir zu Tobias. Wo steckt er denn?« Der Weihnachtsmann blickte fragend umher. »Tobi?«

Der Junge hatte sich hinter dem Rücken seines Vaters versteckt, der ihn mit sanftem Druck nach vorn schob. Aufgeregt stand Tobi da und fürchtete nichts mehr als die Rute.

»Tobi. Dann wollen wir mal sehen, was du im letzten Jahr so angestellt hast. Oder warst du etwa immer brav?« Der Weihnachtsmann blätterte wichtig in seinem Buch und hielt inne. »So, so. Tobias kann überhaupt nicht stillsitzen und springt selbst beim Essen herum. Ja, warum machst du das?«

Tobi zog die Schultern hoch, grinste verängstigt und sagte gar nichts.

»In der Schule ist Tobi fleißig«, fuhr der Weihnachtsmann fort, »aber er könnte etwas ordentlicher sein. Fast immer lässt er seine Brille irgendwo liegen.« Er blickte von seinem Buch hoch. »Wenn ich das hier so lese, dann muss ich doch sagen, dass ein Gedicht das Mindeste ist, wenn du nicht die Rute spüren willst.«

Tobi sah aus, als würde er jeden Moment losheulen. »Lieber guter Weihnachtsmann, schau mich nicht so böse an, stecke deine Rute ein, will auch immer artig sein!«, leierte er, so schnell er konnte, herunter.

»Das hat ja schon dein Bruder aufgesagt. Kannst du noch ein anderes?«

Tobi schüttelte stumm und verzweifelt den Kopf.

»Na schön«, meinte der Weihnachtsmann. »Dann will ich es mal gut sein lassen. Schau, das größte Geschenk ist für dich.«

Tobi strahlte, als er es in Empfang nahm und gleich abtastete. Die Vorfreude in seinem Gesicht war ihm jetzt deutlich anzusehen.

»Also, liebe Familie Fink. Jetzt muss ich weiterziehen. Ich habe ja noch viele Geschenke mehr, auf die Kinder warten. Ich wünsche euch noch ein schönes Weihnachtsfest.«

»Danke, lieber Weihnachtsmann«, riefen alle drei Kinder im Chor.

»Ich bring den Weihnachtsmann noch zur Tür«, erklärte Hans.

An der Haustür gab er ihm die Hand und lachte. »Das haben Sie wunderbar gemacht, Herr Andersen, vielen Dank. Hier ist Ihre Gage.«

»Danke auch«, erwiderte der Ehemann der Putzfrau und steckte den Geldschein in seine Hosentasche. »Die Kinder waren schwer beeindruckt. Hat Spaß gemacht.«

»Haben Sie noch viele Stationen?«, wollte Hans wissen.

»Zwei Familien noch, dann geht es nach Hause. Rechtzeitig zum Abendessen.«

»Dann noch ein schönes Fest. Und grüßen Sie Ihre Frau ganz herzlich von uns.«

Hans schloss die Tür und kehrte zurück ins Wohnzimmer, wo sich die Kinder über ihre Geschenke hermachten.

»Eine Carrerabahn«, jubelte Oliver. »Können wir die gleich aufbauen?«

Mascha zog ihre neue Reithose und die Reitstiefel an. Tobi, jetzt wieder mit Oberwasser, schaute triumphierend, als er den Schlitten auspackte.

»Das hab ich gleich gewusst«, rief er. »Jetzt muss es nur noch schneien!«

Am späten Nachmittag ging Achim mit seinen Söhnen, dem sechsjährigen Arne und dem siebenjährigen Carsten, in den Stall, um die Kühle zu melken und das Jungvieh und die Schweine zu füttern. Trotz ihres Alters halfen die beiden Jungen schon viel und gerne mit. Als alle Arbeit erledigt war, füllte Achim einen Eimer voll Wasser und einen Korb voll Heu.

»Hier«, er reichte beides seinen Söhnen, »für Knecht Ruprecht und seinen Esel. Damit sie für ihre Mühen auch belohnt werden.«

Gemeinsam liefen sie zum Wohnhaus. Vor der Tür stellte Arne den Korb mit dem Heu und Carsten den Wassereimer ab. Im Haus angekommen, roch es schon nach Gänsebraten und Rotkohl. Alle duschten schnell und zogen sich zur Feier des Tages ein weißes Hemd an.

Nach dem Essen gab es Bescherung, und Carsten und Arne spielten schon längst unter dem zimmerhohen Weihnachtsbaum mit ihrem neuen Spielzeug, während die Erwachsenen noch ihre Geschenke auspackten.

Otto Truelsen hatte sich von seinem Unfall mit der Mistgabel insoweit erholt, als dass er schon wieder seine schlechte Laune an seiner Familie ausließ. Sitzen konnte er nur auf der rechten Pobacke, und das lediglich für kurze Zeit, höchstens für die Dauer einer Mahlzeit, dann wurde es ihm zu ungemütlich, und er musste sich wieder auf die Seite legen. Das Herumliegen ohne Sinn und Tätigkeit war rein gar nichts für den Bauern. Und so wünschten sich längst alle, dass Otto schon bald wieder herumlaufen und arbeiten konnte, damit er ihnen nicht weiter auf die Nerven ging.

Jetzt lag er längs auf dem Sofa, den rechten Arm aufgestützt, und schaute zu, wie Gerdi ein Geschenk von Achim und Michaela auspackte.

»Was ist das?« Neugierig zog Gerdi eine Art Topf mit Stiel aus der Schachtel.

»Das ist ein Fondue«, erklärte Michaela, »damit kann man am Tisch Fleisch oder Käse kochen.«

»Was soll das denn sein?«, schoss Otto dazwischen. »Auf dem Esstisch kochen.«

Gerdi betrachtete unterdessen die Einzelteile ihres Geschenks und hob eine Spießgabel in die Höhe. »Sieht interessant aus«, meinte sie.

»Pass auf, ich zeig's dir.« Michaela rückte an ihre Schwiegermutter heran. »Hier«, sie stellte das Rechaud auf den Tisch, »man hat ein Stövchen, da füllt man Spiritus ein, dann brennt das, und man stellt den Topf drauf. Darin kann man Brühe oder Fett erhitzen, und jeder hält mit den Spießen kleine Fleischstücke hinein. Sehr lecker. Und es macht Spaß, weil alle zusammen das Essen zubereiten. Oder man macht es mit geschmolzenem Käse und tunkt Brot hinein.«

»Wie bei Heidi?«, fragte Carsten, der dazugekommen war und interessiert schaute.

»Genau, wie bei Heidi«, antwortete Michaela. »Dazu gibt es Gemüse oder saure Sachen und leckere Soßen.«

»Das ist richtig gut«, ergänzte Achim, »wir haben das vor Kurzem bei Müllers gegessen, das war toll.«

»Ich will doch kein rohes Fleisch auf dem Tisch und es selber kochen«, lehnte Otto ab.

»Wat de Buur nich' kennt, dat freet er nich'«, entgegnete Michaela genervt. »Du könntest es zumindest mal probieren, statt gleich gegen alles zu sein.«

»Ich finde das eine schöne Idee, und ich möchte es gerne ausprobieren«, erklärte Gerdi schnell, und es klang ehrlich. »Vielen Dank für das schöne Geschenk.«

»Wir können es gemeinsam an Silvester machen. Das macht gute Laune, ihr werdet sehen«, schlug Achim vor.

»Sehr gerne.« Gerdi sah ihren Mann an. »Das wird dir schon schmecken.«

»Und wenn nicht, kann man sich auch an trocken Brot satt essen«, fügte Michaela hinzu.

Achim legte seine Hand beruhigend auf ihren Arm. »Nu' lass man gut sein. Ist schließlich Weihnachten.«

Im Hause Fink war man nach der ersten Aufregung nach dem Besuch des Weihnachtsmannes zum Abendessen übergegangen. Danach, als die Erwachsenen schon mit ihren Weingläsern auf der Sofagarnitur Platz genommen hatten und alle drei Kinder gemeinsam an der neuen Carrerabahn saßen, hatte Hans noch eine ganz besondere Überraschung parat. Gemeinsam mit seinem Schwager Thomas trug er ein weiteres großes Geschenk herein.

»Hier habe ich noch etwas, das für unsere ganze Familie bestimmt ist«, erklärte er feierlich.

Sofort scharten sich die Kinder um die große eingepackte Schachtel und rissen gemeinsam das Geschenkpapier herunter.

»Ein Fernseher«, rief Oliver begeistert.

»Ein Farbfernseher, um genau zu sein!«, korrigierte Hans genüsslich.

Der sehr alte und sehr kleine Schwarz-Weiß-Fernsehapparat war sowohl für die Kinder als auch die Eltern schon lange ein echtes Ärgernis. Man musste an einem Regler drehen, bis man einen Sender fand, und gleichzeitig die Antenne hin- und herbewegen, bis endlich ein Bild erschien. Damit es stabil blieb und nicht flimmerte und rauschte, hielt am besten jemand die Antenne die ganze Zeit fest.

»Können wir damit morgen Sissi gucken?«, fragte Mascha begeistert.

»Natürlich, dafür haben wir ihn ja. Die ganzen schönen Kleider in bunt!«, erwiderte Hans lachend. Er freute sich, dass seine Überraschung gelungen war.

Rena verbannte den alten Fernseher augenblicklich in den Flur, während Thomas und Hans das neue Gerät aus seiner Verpackung holten und auf den freigewordenen Platz stellten. Der Fernseher wirkte in seinem matten Bronzeton und der im Vergleich zum alten Gerät großen Mattscheibe sehr schick. Acht Tasten für gespeicherte Sender waren vorhanden. Oliver drückte alle einmal durch. Noch passierte gar nichts.

»Die acht Tasten werden nicht nötig sein«, erklärte Rena. »Außer unseren drei Programmen gibt es ja noch die dänischen Sender. Macht zusammen fünf.«

»Können wir jetzt schon was gucken?«, fragte Tobi aufgeregt.

»Heute nicht, wir haben schließlich Weihnachten. Möchte noch jemand Wein?«

Hans hielt die Flasche hoch, und Thomas und Sibylle streckten ihre Gläser hin.

Willi Moretzka hatte es sich in seiner kleinen Landarbeiterkate am Rande von Söreby ebenfalls gemütlich gemacht. Sein Fernseher lief schon den ganzen Tag. Mit einem frischen Bier in der Hand setzte Willi sich in seinen Sessel und nahm einen kräftigen Schluck. Er rülpste so laut, dass sein Hund Raudi, der sich vor der Heizung zusammengerollt hatte, aufsprang und ihn erwartungsvoll anschaute.

»Jetzt gehen wir nicht raus«, erklärte Willi streng.

Der schwarze Wolfspitzmischling mit dem weißen Fleck auf der Brust gab noch nicht auf und wedelte mit seinem buschigen Schwanz.

»Jetzt ab mit dir.«

Willi warf eine der vielen kleinen leeren Flaschen auf seinem Beistelltisch nach seinem Hund, der winselnd zurückwich und an seinen Platz zurückkehrte.

Im Fernsehen lief irgendein Liebesfilm mit vielen Wirrungen, der natürlich zur Weihnachtszeit spielte. Wenn er nicht so faul und betrunken gewesen wäre, wäre Willi längst aufgestanden und hätte den Sender gewechselt. Denn auf eine Schmonzette hatte er keine Lust. Aber eigentlich war auch egal, was lief. Ein bisschen heile Welt, warum denn nicht.

»Frohe Weihnachten«, sagte er zu sich selbst und hob die Flasche.

Er setzte an und leerte den Rest in einem Zug. Dann starrte er auf die Mattscheibe und versuchte nachzudenken. Zwei Feiertage am Stück standen ihm bevor. Willi musste sich seinen Alkohol gut einteilen. Der Kaufmann im Dorf, Herr Meier, von allen nur Spar-Meier genannt, der ihn sonst am Wochenende gerne mal mit Flaschen versorgte, wenn Willi vor der Tür stand, hatte ihm erklärt, dass er über Weihnachten ausnahmsweise mal nicht zu Hause wäre. Besuch bei der Schwester und so weiter. Anfragen also zwecklos.

Willi war deshalb froh, wenn Weihnachten wieder vorüber war. Das Fest störte seine Gewohnheiten. Zweimal am Tag, vormittags und nachmittags, fuhr der Rentner auf seinem Fahrrad zum Kaufmann, legte das Geld abgezählt auf das Fließband an der Kasse, denn ohne gab der Spar-Meier, der alte Geizhals, nichts mehr raus. Spar-Meier konnte man also wörtlich nehmen. Willi Moretzka griff dann seine Ration, radelte zurück und trank. Mittags aß er eine Kleinigkeit. Meistens öffnete er eine Dose, die er im Topf aufwärmte. Dazu genehmigte er sich ein Bier. Am Nachmittag fuhr Willi ein zweites Mal zum Laden und holte Nachschub. Dann nahm er sogar seinen alten Rucksack auf den Rücken, damit alles hineinpasste. Es war ein Tagesablauf von schöner Regelmäßigkeit, etwas, worauf sich Willi verlassen konnte. Dass er jetzt zweieinhalb Tage überbrücken musste und seiner Routine beraubt war, machte ihn unruhig.

Gott sei Dank hatte Willi den Hund. Das Tier war sein einziger Kontakt, sein letzter Freund. Raudi sorgte dafür, dass Willi, seit er vor fünf Jahren als Landarbeiter in Rente gegangen war, morgens überhaupt noch aufstand und sich mittags etwas zu essen machte.

Willi war also nicht allein, nicht mal zu Weihnachten. Seine Frau und die Kinder waren zwar schon lange weg.

Er erinnerte sich nicht, wann er sie zuletzt gesehen hatte. Aber Raudi hielt ihm die Treue. Benebelt schaute er zum Hund hinüber, der den Kopf auf den Boden drückte und seine aufmerksamen Augen hin- und herrollte.

»'tschuldigung.«

Morgen, hoffte Willi, hatte Raudi es längst vergessen, dass sein Herrchen ihm die Flasche nachgeworfen hatte. Und Willi würde es auch vergessen haben.

2

Mittwoch, 27. Dezember 1978

Das Satellitenbild zeigt ein Wolkenband von den Britischen Inseln über Westfrankreich nach Ostspanien. Es gehört zu den atlantischen Tiefausläufern, die rasch nach Norddeutschland ziehen und nicht weiter vorankommen. Auf ihrer Rückseite fließt erwärmte Meeresluft in das südliche und mittlere Deutschland ein, während im Norden und Osten südwärts vorankommende Kaltluft das Wetter bestimmt. [...] Schwacher bis mäßiger Wind, im Norden um Ost, sonst um Südwest.

Tagesschau, 27.12.1978

*

Für Hans und Rena begann wieder der Alltag. Tags zuvor hatten sich Thomas und Sibylle verabschiedet und sich auf den Weg an die dänische Nordseeküste gemacht, wo sie sich über Silvester ein Ferienhäuschen gemietet hatten.

»Mal wieder ausspannen und ein bisschen lesen«, hatte Thomas kommentiert, während Sibylle ihn genervt ansah.

»Und vielleicht mal wieder ein bisschen reden«, fügte sie süffisant hinzu.

Rena und Hans hatten die Spannungen zwischen den beiden während der Weihnachtstage wohl wahrgenommen, aber nichts dazu gesagt. Rena hatte bei einem Spaziergang am Strand ihre Schwester darauf angesprochen, diese war aber ausgewichen, hatte ihren Schritt beschleunigt und Rena einfach hinter sich gelassen.

»Hoffentlich finden die zwei jetzt ein bisschen zu sich selbst«, meinte Rena nun am Frühstückstisch, während Hans interessiert in die Zeitung guckte.

»Nach wie vor kein Schnee in Sicht, zumindest nicht in den nächsten Tagen«, sagte er. »Das wird Tobi ja gar nicht passen. Er will doch endlich mal seinen Schlitten ausprobieren.« Er nahm einen Schluck Kaffee.

»Hast du überhaupt gehört, was ich gesagt habe?«, fragte Rena nach.

»Ja, ja. Deine Schwester und ihr Mann …« Hans blätterte eine Seite um, ohne den Blick zu heben. »Das kennen wir doch schon. Sie werden sich schon wieder einkriegen. Vielleicht klappt es ja bald mit einem Kind.«

»Hm.« Rena war ein bisschen sauer, dass Hans auf ihre Überlegungen nicht näher einging als mit dieser Plattitüde, aber am Morgen war ihm seine Zeitung heilig. »Brauchst du mich heute?«

»Wäre nicht schlecht. Maike hat ja die Woche Urlaub.« Hans schaute hoch. »Sie muss bei ihren Eltern im Krog helfen, die haben den Laden voll mit dem Polterabend morgen. Über zweihundert Gäste, meinte sie.«

»Ich weiß«, erwiderte Rena, »ich freu mich schon, da kommen sicher viele alte Bekannte.«

»Und viele Kollegen«, ergänzte Hans.

Die Hochzeit des Bürgermeisters der Gemeinde Bröderup und Söreby mit einer Ärztin aus Flensburg war das Ereignis des zu Ende gehenden Jahres. Zum Polterabend an diesem Donnerstag im Nachbardorf Bröderup ging quasi jeder hin, der auch nur ansatzweise mit dem Bürgermeister zu tun hatte, also eigentlich alle. Hans freute sich, einige Kollegen aus den Nachbarpraxen und aus seiner Flensburger Zeit, als er dort selbst im Krankenhaus gearbeitet hatte, zu treffen; auch wenn er mit angezogener Handbremse würde feiern müssen, schließlich hatte er am nächsten Tag wie gewohnt seine Praxis geöffnet.

Jetzt legte er die Zeitung zur Seite und trank den letzten Schluck Kaffee aus seiner Tasse. »Auf geht's ins Gefecht. Heute ist sicher viel los.«

Hans sollte sich nicht täuschen. Der erste Praxistag nach einem langen Wochenende oder nach Feiertagen war immer sehr geschäftig. Seine Patienten hatten Verspannungen vom vielen Sitzen, Kopf- und Magenschmerzen vom ausufernden Essen und Trinken oder die unglaublichsten Verletzungen, die sie sich irgendwo zugezogen hatten. Von den vielen psychischen und auch physischen Belastungen nach all den Streitereien ganz zu schweigen.

Das Wartezimmer war schon gut gefüllt, als Hans in die Praxis kam. Er sah auf die Uhr. Zehn nach acht. Um fünf vor acht Uhr hatte Michaela den Schlüssel geholt, um aufzuschließen. Die Leute mussten draußen bereits Schlange gestanden haben, wenn sie schon an Annemarie in der Anmeldung vorbei waren.

»Hatten Sie schöne Weihnachten?«, fragte Hans Michaela, während er seinen Kittel überzog.

»Ach ja, ganz gut. Nur mein Schwiegervater hat schlechte Laune verbreitet.«

»Wie geht es ihm?«

»Sehen gut aus, die Wunden«, antwortete Michaela, »Sie werden sie ja gleich noch zu Gesicht bekommen. Ein Wunder, dass ich zwischendurch überhaupt mal an den Verband dran durfte. Er ist der Erste auf der langen Liste, wartet schon im Verbandsraum.«

»Na, dann wollen wir mal.«

Im Verbandsraum gab Hans Otto Truelsen, der schon auf der Liege lag, die Hand. »Dann mal runter mit der Hose«, forderte er seinen Patienten auf. »Wie geht es Ihnen?«

»Gut, aber das Rumsitzen, Herr Doktor, ich weiß nicht. Da werd' ich noch verrückt. Ich bin froh, wenn ich wieder los kann.«

»Zwickt es noch?«

»Ach was«, wehrte Otto ab.

Hans schaute die Wunden genau an. »Ein paar Tage sollten Sie sich noch schonen, aber Sie sind auf dem Wege der Besserung. Ihre Schwiegertochter macht Ihnen einen neuen Verband, sie kann das ganz hervorragend.«

Tatsächlich sah man Otto Truelsen kurz lächeln. »Na, wenn Sie meinen. Vielen Dank, Herr Doktor.«

Hans ging ins hintere Sprechzimmer. Dort wartete schon Frau Erichsen, die über die Feiertage trotz aller Vorsätze ihren Blutzucker nicht in den Griff bekommen hatte.

»Im neuen Jahr aber ganz bestimmt, Herr Doktor«, versprach sie.

Hans erklärte ihr eindringlich, was alles passieren könnte, wenn sie sich nicht beim Essen mehr zusammenriss, verordnete mehr Insulin und ging zum nächsten Patienten.

Es ging Schlag auf Schlag. Gegen Mittag, als nur noch drei Patienten im Wartezimmer saßen, schaute Hans zum ersten Mal in dem Sprechzimmer, das zur Straße lag, aus dem Fenster. Soeben fuhr Willi Moretzka auf seinem Fahrrad vorbei, sein Hund Raudi lief wie immer brav hinter ihm her. Der Mann kam bestimmt vom Spar-Meier mit seiner Morgenration, dachte Hans. Im selben Moment sah er Rena, wie sie die Praxis verließ, um sich um das Mittagessen zu kümmern.

Diese hob draußen die Hand. »Moin, Herr Moretzka.«

Willi Moretzka nahm die rechte Hand vom Lenker und grüßte zurück. Unmittelbar darauf verlor er das Gleichgewicht und geriet ins Schlingern.

»Aufpassen!«, rief Rena.

Willi fiel um, und das Fahrrad gab einen scheppernden Laut von sich. Raudi bellte. Hans ließ den Stift fallen und lief hinaus.

Draußen zog Rena das Fahrrad weg und beugte sich über Herrn Moretzka.

»Haben Sie sich weh getan?«, fragte sie besorgt, während sie instinktiv vor der Alkoholfahne zurückwich.

Willi Moretzka stöhnte. Raudi blieb an seiner Seite und winselte. Hans kam hinzu.

»Oje, Herr Moretzka, jetzt haben Sie sich am Kopf verletzt.« Hans hielt die Luft an, als ihn der Atem des Mannes traf. »Kommen Sie mal mit rein, das müssen wir versorgen.«

Gemeinsam mit Rena zog er ihn hoch. Willi Moretzka schwankte, Raudi lief aufgeregt vor ihm herum. Auch in die Praxis wollte der Hund mitkommen.

»Du bleibst hier«, sagte Rena streng, und tatsächlich setzte Raudi sich artig vor der Tür hin.

Rena und Hans brachten Willi Moretzka ins Verbandszimmer und setzten ihn auf einen Stuhl. Rena half ihm aus dem Mantel und staunte, wie schwer dieser war. Sie ertastete vier kleine Flaschen, die den Sturz allesamt überstanden hatten. Hans reinigte die Wunde auf der linken Stirnseite.

»Nähen müssen wir Gott sei Dank nicht«, erklärte er, während er ein großes Pflaster hervorholte und die Wunde damit abdeckte. »Schauen Sie mich mal an.« Mit seiner kleinen Lampe überprüfte er die Augenreflexe.

Sie waren so weit in Ordnung, aber es war nicht zu übersehen, wie betrunken Willi Moretzka bereits war.

Hans warf einen genaueren Blick auf den Mann, der so abgeschieden in der alten Landarbeiterkate am Ende des Dorfes lebte. Erst wenige Male war Moretzka bei ihm in der Praxis gewesen, und mittlerweile war nicht zu übersehen, wie sehr der Alkohol ihm zusetzte. Er war abgemagert, hatte aber gleichzeitig einen dicken Bauch. Hans konnte sich auch ohne Blutbild vorstellen, wie seine Leberwerte aussahen. Und sicher aß Moretzka weder genug noch gesund.

»Warten Sie einen Moment«, sagte Hans und drückte Moretzka zurück in den Stuhl, aus dem dieser sich gerade schwerfällig erheben wollte. Hans lief in den Pausenraum und griff nach der größten der nach wie vor unzähligen Geschenktüten mit Keksen, die dankbare Patienten zur Weihnachtszeit ihrem Hausarzt schenkten.

»Hier«, Hans hielt Moretzka die Tüte hin, »nehmen Sie das mit und lassen Sie es sich schmecken. Und fahren Sie vorsichtig. Am besten laufen Sie.«

»Danke.« Willi Moretzka nahm die Tüte und wankte aus der Praxis. Hans sah ihm nach und hatte kein gutes Gefühl.

Nach der Sprechstunde machte es sich Hans auf dem Sofa mit Blick auf den Weihnachtsbaum gemütlich. Er hatte jetzt anderthalb Stunden Zeit, um zu lesen, zu schlafen oder aus dem Fenster zu schauen. Es war etwas, das er, der in der Stadt großgeworden war, hier auf dem Land im Norden sehr schätzen gelernt hatte. Bis drei Uhr war Mittagspause. Da ruhte man sich aus und tat sonst nichts. Man telefonierte auch nicht. Keinem seiner Kinder würde es einfallen, bei ihren Freunden in dieser Zeit anzurufen oder umgekehrt. Der einzige Grund, warum das Telefon klingeln sollte, war ein Notfall. Heute blieb es ruhig. Hans schloss die Augen und nickte sofort ein.

Rena brachte schließlich eine Kanne Tee und Weihnachtsplätzchen und setzte sich neben ihn. Auch das war ein schönes Ritual für beide. Die Kinder ließen sich dabei nur selten blicken.

Heute allerdings war es anders. Tobi hatte schlechte Laune, die er unbedingt loswerden musste.

»Es liegt immer noch kein Schnee«, nörgelte er. Er biss in einen Keks und ließ die Krümel auf den Boden rieseln.

»Der wird schon noch kommen«, tröstete ihn Rena.

»Ich kann überhaupt nichts machen«, beschwerte sich Tobi weiter. »Mir ist langweilig.«

»Dann geh spielen«, erklärte Rena ungerührt.

»Mit wem denn? Oli will nicht.«

»Wenn du so rummaulst, verstehe ich ihn.«

Hans seufzte leicht und stand auf. »Ich geh Hausbesuche fahren.« Er gab Rena einen flüchtigen Kuss. »Ich komm nicht spät, ist nicht so viel.«

»Ist gut.« Rena wandte sich jetzt an ihren Jüngsten. »Sollen wir was spielen?«

Tobi nickte.

Der erste Hausbesuch führte Hans heute zu seiner eigenen Angestellten. Seine Arzthelferin Gunda war in der 35. Woche schwanger, und wegen vorzeitigen Wehen war sie schon seit zwei Wochen zum Liegen verdammt. Weil die Hebamme zwischen den Jahren in Urlaub war, übernahm Hans den Kontrollbesuch.

Gunda fehlte bereits sehr in der Praxis, fand Hans. Wie alle anderen war sie eine sehr gute Mitarbeiterin, aber darüber hinaus versprühte Gunda immer besonders gute Laune. Jetzt strahlte sie Hans vom Sofa aus an.

»Moin, Chef. Hatten Sie schöne Weihnachten?«

»Sehr schöne. Und Sie?«

»Ganz ruhig, nicht getanzt, nicht getrunken.« Gunda lachte und zeigte auf ihren Bauch. »Das Lütte ist ganz brav. Und ich erst.«

»Dann wollen wir mal schauen, ob es sich endlich gedreht hat.«

»Die Hebamme war heute Morgen kurz vor ihrer Abfahrt noch mal da«, erklärte Gunda. »Nichts ist. Liegt immer noch gemütlich Kopf oben. So langsam könnte da ja mal was passieren.«

»Na, es wird sich schon noch umentscheiden.« Hans tastete zur Sicherheit selbst noch mal den Bauch ab. Er war zwar kein Gynäkologe, aber als Landarzt sollte man sich auch ein bisschen in der Geburtshilfe auskennen.

»Lassen Sie sich schön verwöhnen?«

»Na klar, mein Mann hat Urlaub und übt sich schon mal im Kochen. Und meine Schwiegereltern sind ja auch noch nebenan.«

»Dann ist gut. Sie melden sich, wenn was ist.« Hans setzte sich auf den Sessel gegenüber und schrieb Notizen in die Karteikarte. Dann reichte er Gunda einen Zettel. »Hier ist unsere Privatnummer. Sie können jederzeit anrufen. Tag und Nacht. Auch zu Silvester, da habe ich sowieso Dienst.«

Eigentlich gab Hans die Privatnummer nie heraus, und auch seinen Kindern war bewusst, dass sie sie nicht unbedingt an ihre Freunde weitergeben sollten. Erst vor Kurzem hatten die Eltern von Maschas Freundin ihn mitten in der Nacht auf der Privatleitung angerufen, als er dienstfrei hatte, und es war nicht gerade ein Notfall gewesen.

»Oh, große Ausnahme.« Gunda blickte auf den Zettel und grinste. »Ich fühle mich geehrt. Aber ehrlich gesagt kenne ich Ihre Nummer doch längst.«

Hans lachte. »Passen Sie auf sich auf.«

»Na klar. Danke, Chef.«

3

Donnerstag, 28. Dezember 1978

Das Satellitenbild zeigt weite Teile West- und Mitteleuropas unter einer dichten Wolkendecke. Das dazugehörige Tief und die durch Norddeutschland verlaufende Luftmassengrenze zwischen der Kaltluft im Norden und der milden Meeresluft im Süden verlagern sich langsam süd- beziehungsweise südostwärts. Im Norden Nordostwind, in Küstennähe bis zur Sturmstärke.

Tagesschau, 28.12.1978

*

Achim konnte nur noch den Kopf schütteln. Da stand er schon wieder, sein Vater, und machte sich am frühen Morgen daran, der ersten Kuh die Melkbecher anzulegen. Um sich dafür nicht so stark bücken zu müssen, ging er auf die Knie und fluchte dabei laut über sein schmerzendes Hinterteil. Unkraut vergeht nicht, dachte Achim, während er selbst den Tieren das Heu und Kraftfutter vorwarf. Er war froh, dass sein Vater wieder mithalf. Michaela ging ja in der Regel in die Praxis statt in den Stall, und seine Mutter Gerdi kümmerte sich während dieser Zeit um die beiden sechs- und siebenjährigen Jungen und sorgte für das Mittagessen. Das war das eine. Das andere war, dass Otto Truelsen wirklich immer unausstehlicher wurde, je länger er nichts zu tun hatte. Solange es ihm also gut ging und er nicht meckerte, sollte es Achim recht sein, dass der Vater trotz seiner Verletzung mithalf. Otto arbeitete so schnell wie gewohnt.

Nach dem Melken gingen Vater und Sohn in den Schweinestall, und Achim entdeckte, dass eine der drei trächtigen Sauen in der Nacht geworfen hatte. Zehn Ferkel griff er unter dem mächtigen Schwein hervor und rieb sie mit Stroh trocken. Damit sie nicht erdrückt wurden, brachten Achim und Otto gemeinsam ein Gitter an. Es hinderte die Sau am großflächigen Wenden und ermöglichte den Ferkeln gleichzeitig einen gefahrlosen Zugang an die Zitzen der Muttersau.

»Das muss ich nachher den Jungs zeigen«, sagte Achim zufrieden, »das wird ihnen gefallen.« Er zog die an der Decke angebrachte variable Infrarotlichtlampe über die Ferkel und schaltete sie ein. »Schön warm sollt ihr es haben.«

Schnell überquerten Achim und Otto den Hof zum Wohnhaus, denn es regnete stark. Sie freuten sich, dass es schon in der Schleuse aus der Küche nach Kaffee duftete. Achim half Otto aus seiner Stalljacke, der beinahe über die wild herumliegenden Stiefel und Jacken der Kinder gestolpert war und darüber laut fluchte.

In der Küche stand Michaela an der Spüle und trank schnell den letzten Schluck aus ihrem Becher, sie war auf dem Weg in die Praxis.

»Frühstück und Kaffee stehen bereit«, sagte sie und gab ihrem Mann einen Kuss auf die Wange. »Ich muss los, bin spät dran, bis nachher.«

Die Tür fiel ins Schloss.

»Wie lange soll das noch so gehen?«, knurrte Otto. »Immer rennt die Frau aus dem Haus, als gäbe es hier nicht genug zu tun.«

»Wenn du deinen Kaffee woanders trinken willst, Vadder, dann mach das«, entgegnete Achim bestimmt, »aber lass Michaela in Ruh'.«

»Eine Bauersfrau gehört auf den Hof, das hab ich schon immer gesagt. Woanders arbeiten zu gehen ist doch Quatsch. Hier gibt es genug zu tun.«

»Sie ist aber nicht nur Bauersfrau, und es ist auch kein Quatsch.« Achim war genervt, denn das Thema brachte sein Vater regelmäßig auf den Tisch. Die friedliche Zusammenarbeit am frühen Morgen war vorbei. Otto wollte es partout nicht akzeptieren, dass seine

Schwiegertochter trotz zweier Kinder und Hof halbtags in die Praxis arbeiten ging.

Gerdi kam mit Carsten und Arne in die Küche. Sie wirkten nicht bekümmert, dass ihre Mutter schon bei der Arbeit war, sondern waren Feuer und Flamme, als sie von den neuen Ferkeln hörten, und wollten sofort in den Stall.

»Erst frühstücken, dann geht es los«, bremste Achim.

Wenig später knieten die Jungen begeistert vor den Ferkeln im Stroh. Es war für sie jedes Mal wieder ein Wunder. Achim reichte jedem seiner Söhne eines auf den Arm. Hingebungsvoll wurden die kleinen Schweinchen gestreichelt und von Arne sogar geküsst.

»So kleine Ohren und ein kleiner Ringelschwanz.« Der Sechsjährige lachte vergnügt. »Schön warm hier«, stellte er dann fest.

»Ja, mit der roten Lampe frieren sie nicht, Kälte würde ihnen nicht bekommen«, erklärte Achim. »Du magst es ja auch nicht kalt.«

»Nee, gar nicht«, antwortete Arne und ließ das zappelnde Ferkel von seinem Arm. Es drängelte sich sofort zu seinen Geschwistern an die Zitzen der Muttersau, und der Junge sah fasziniert zu.

»Gibt es noch mehr Ferkel?«, fragte Carsten.

»Zwei weitere Sauen werden bald ferkeln, na, ein paar Tage wird es wohl noch dauern«, antwortete Achim. »Kommt, jetzt lassen wir die Kleinen mal wieder in Ruhe. Ihr könnt die Kühe ausmisten und Stroh vom Strohboden schmeißen, wenn ihr wollt.«

»Jaaaa.« Begeistert rannten beide Kinder davon.

Im Gasthof Zum Krog herrschte schon seit den frühen Morgenstunden höchste Geschäftigkeit. 250 Gäste wurden heute zum Polterabend des Bürgermeisters und seiner Braut erwartet, mindestens. Bärbel Beeck, die Wirtin, kannte niemanden, der nicht kommen würde. Zu einer Veranstaltung mit einem so bekannten Bräutigam war ja quasi jeder aus der Gemeinde eingeladen, da konnten es auch locker doppelt so viele Leute werden. Man musste auf alles gefasst sein, und Bärbel war auf alles gefasst. Seit Weihnachten war überhaupt keine Zeit für Erholung geblieben. Stattdessen wurde gehackt, geschnippelt und vorgekocht, die Tische herumgeschoben, die Dekoration platziert und aufgehängt. Die ganze Familie war eingespannt – neben Bärbel und ihrem Mann Klaus, der kochte, die Töchter Maike und Imke und Sohn Hauke. Dazu die Küchenhilfen Friedchen und Lene und zahlreiche weitere Aushilfskräfte am Polterabend selbst, darunter Bärbels Schwester Ellen und deren Tochter Claudia.

Das Menü würde einfach sein – es war ja nur der Polterabend nach der standesamtlichen Heirat. Da gab es Gulaschsuppe, Kartoffelsalat, Würstchen, Schnitten mit Schinken und Käse und als Süßspeise rote Grütze mit Sahne. Schwieriger war der darauffolgende Tag zu planen, wenn die dann verkleinerte Hochzeitsgesellschaft zum Abendessen kam und natürlich etwas gehobener speisen wollte. Verkleinert hieß: sechzig Gäste. Bärbel und Klaus hatten erst ablehnen wollen, zwei Tage volles Programm, wer hielt das schon aus? Aber Bürgermeister Hinrichsen – oder Christian, wie Bärbel ihn nannte, denn vor dreißig Jahren hatte sie als junges Mädchen auf ihn aufgepasst – hatte das Wirtsehepaar inständig gebeten; man wollte schließlich am Polterabend nicht bis in die Puppen feiern, um am nächsten Tag noch Kraft zu haben. Und wie hätte es auch ausgesehen, wenn der Bürgermeister in die Nachbargemeinde ins Gasthaus Eule gegangen wäre? Abgesehen davon, dass es ein sehr guter Umsatz werden würde. Also hatten sie eingekauft und vorgekocht, was das Zeug hielt. Die Tiefkühltruhen platzen aus allen Nähten. Etwas Frost wäre hilfreich, um hier Entlastung zu schaffen, dachte Bärbel, während sie auf der Suche nach der eingefrorenen Petersilie war. Dann könnte man den Vorrat außerhalb des Hauses lagern. Aber der größte Teil war ja bald weggeputzt, da machte sich die Wirtin keine Sorgen, sie kannte ihre Klientel.

Ab 18 Uhr ging die Sause los. Sie lagen gut in der Zeit. Bärbel fischte die Petersilie unter einer Rehkeule hervor und brachte sie in die Küche. Heiße Luft schlug ihr entgegen. Ihr Mann Klaus stand am Herd und gab der Gulaschsuppe den letzten Pfiff. Sobald er damit fertig war, ging es schon an das Menü für morgen. Bärbel ging weiter in den Gastraum, wo ihre Tochter Maike die Gläser für den Sektempfang bereitstellte. Drei Stunden noch, bis das Brautpaar und die Gäste kamen. Bärbels Nichte Claudia richtete gerade eine Ecke zurecht, an der sich alle noch einmal stärken konnten. Weiter hinten im Saal werkelte Manne an seiner Musikanlage herum. Er war als Discjockey engagiert worden. Das Brautpaar wünschte sich ein ausgelassenes Fest mit viel Musik.

Bärbel kannte Manne gut; fast immer, wenn bei ihnen gefeiert wurde, kam er und sorgte für lockere Stimmung.

»Hauke und Imke suchen die Lichtanlage, weißt du, wo sie ist?«, fragte Maike.

»Drüben im Schuppen, wie immer«, erklärte Bärbel knapp.

»Nee, da suchen sie schon die ganze Zeit«, erwiderte Maike, »vielleicht guckst du mal selber?«

Bärbel nickte und lief zur Hintertür. Ein Windstoß riss sie ihr fast aus der Hand. Seit dem Morgen schon hatte es geregnet, nun hatte sich ein heftiger Wind dazugesellt, und der Regen begann, in Eisregen überzugehen.

Wie kalt es auf einmal geworden ist, dachte Bärbel erstaunt. Sie griff ans Geländer, das von einer Eisschicht überzogen war. Vorsichtig stieg sie die drei Stufen hinunter auf den Hof, der als Gästeparkplatz diente, und überquerte ihn im Schneckentempo Richtung Schuppen.

»Wir haben sie«, wurde sie dort von Hauke begrüßt. Der Wind ließ die Tür so heftig ins Schloss fallen, dass Bärbel zusammenzuckte.

»Hier, nimm mal«, Hauke drückte seiner Mutter mehrere Kabel in die Hand, »Imke und ich tragen den Rest.«

»Aber passt auf bei dem Eisregen. Draußen ist es spiegelglatt.«

»Haben wir schon bemerkt.«

»Wartet, ich halte euch die Tür auf, nicht, dass die noch auf die gute Lichtanlage knallt.«

Bärbel war erstaunt, wie viel Kraft sie aufwenden musste, um die Schuppentür gegen den Wind zu öffnen. Eiskalter Regen landete direkt auf ihrem Gesicht. Der scharfe Wind schnitt wie ein Messer in ihre Haut. Sie ließ ihre Kinder passieren, die sich beeilten, das gute Stück heil ins Gasthaus hinüberzutragen, und lief ihnen hinterher. Kurz vor der Tür rutschte sie auf dem glatten Untergrund aus und konnte sich gerade noch im letzten Moment an dem vereisten Geländer festhalten.

Drinnen im Saal verabschiedete sich gerade Manne. »Ich hab noch was zu erledigen. Ich komm dann spätestens so gegen acht.«

»Alles klar, Manne, bis dann. Und pass auf beim Fahren, es ist sauglatt.«

Bärbel ordnete ihre nass gewordenen Haare und sah ihm nach, wie er durch den Haupteingang verschwand. Auch diese Tür fiel mit einem lauten Knall ins Schloss.

Hans hatte heute seine heilige Mittagsstunde abgekürzt und war schon vor drei Uhr auf seine Hausbesuchstour gefahren, damit er und Rena später rechtzeitig zum Polterabend aufbrechen konnten. Zu Beginn seiner Runde klatschte noch stürmischer Regen auf die Windschutzscheibe seines Autos und sorgte für schwierige Sichtverhältnisse. Als der Eisregen kam, ging es nur noch im Schritttempo vorwärts. Als zu guter Letzt der Eisregen in heftigen Schneefall überging und der kräftige Wind schon nach kurzer Zeit erste Schneewehen auf der Straße zusammenblies, entschied Hans, seine Runde abzukürzen und drei seiner regelmäßig geplanten Hausbesuche bei älteren, alleinstehenden Patienten auf morgen zu verschieben.

Das Funkgerät fing an zu knarren und zu rauschen. »Söreby, bitte kommen.«

Das war Rena. Hans griff nach seinem Mikrofon, das an der Mittelkonsole befestigt war.

»Söreby hier. Was gibt's?«

»Frau Matthiesen in Radeby hat Herzbeschwerden, sie ist kaltschweißig, der Mann bittet um einen Besuch.«

Innerlich fluchte Hans. Die Matthiesens lebten abgeschieden in einer schmalen Nebenstraße, dazu noch genau entgegengesetzt zu seiner gerade abgekürzten Route. Dort jetzt hinzufahren war ein großer Umweg und bei den sich gerade drastisch verschlechternden Straßenverhältnissen bestimmt kein Vergnügen.

»Okay. Ich lass die letzten drei Besuche ausfallen. Kannst du bei denen Bescheid geben? Ich komme dann von Radeby aus nach Hause.«

»Ist alles in Ordnung, Hans?«, wollte Rena wissen, und über den Funk hörte Hans ihre Besorgnis. »Erst der Regen, jetzt der Schnee und der Wind.«

»Es geht schon. Es ist ein ziemlich glatt, aber noch sind die Straßen frei«, beruhigte Hans sie. »Der Straßendienst wird bestimmt bald durchfahren. Bis gleich.«

»Gut, dann bis gleich.«

Hans wendete das Auto und fuhr im Schritttempo zu Frau Matthiesen. Es dämmerte schon, und das starke Schneetreiben machte den Tag noch düsterer. Er wünschte, es ginge schneller, schließlich wusste er nicht, was sich hinter ihren Herzbeschwerden verbarg. Doch es war zu glatt und die Sichtverhältnisse katastrophal, sodass eine schnellere Geschwindigkeit unmöglich war.

Hans blickte angestrengt nach vorne. Als er in die kleine Straße nach Radeby einbog, geriet sein Wagen ins Rutschen. Hans lenkte gegen und war froh, nicht im Graben zu landen. Nach einer gefühlten Ewigkeit erreichte er endlich das Haus seiner Patientin und wurde vom Ehemann ungeduldig im Türrahmen erwartet. Vorsichtig lief Hans mit seinem Arztkoffer in der linken Hand von seinem Wagen zum Haus. Er rutschte aus und fiel hin. Instinktiv ließ er den Koffer fallen und fing sich ab.

»So ein Ärger«, schimpfte er.

»Ist Ihnen was passiert?«, fragte Herr Matthiesen, während Hans sich aufrappelte.

»Nein, nein, es geht schon«, wehrte er ab und rieb sich die aufgeschrammten Handflächen. »Nichts passiert. Ihre Frau ist jetzt wichtiger.«

Frau Matthiesen lag bleich auf ihrem Bett. »Ich hab so Schmerzen in der Brust«, stöhnte sie.

Hans untersuchte sie und hatte wenig Zweifel.

»Das ist wahrscheinlich ein Herzinfarkt, Sie müssen sofort ins Krankenhaus«, erklärte er, während er ihr beruhigend die Hand hielt. »Ich rufe jetzt einen Rettungswagen, der bringt Sie nach Flensburg. Bis der da ist, bleibe ich bei Ihnen.«

Hans legte einen Zugang, schloss eine Infusion an und ließ seine Patientin nicht aus den Augen, während Herr Matthiesen nervös hin und her lief. Es dauerte über eine halbe Stunde, bis schließlich das Blaulicht vor dem Fenster auftauchte.

»Schietwetter«, sagte der Sanitäter entschuldigend, »ging nicht schneller.«

»Ist schon in Ordnung, dafür können Sie ja nichts«, beruhigte Hans.

Frau Matthiesen wurde liegend aus dem Haus gebracht, wobei die zwei Sanitäter vorsichtig einen Schritt nach dem anderen taten, um auf dem spiegelglatten Untergrund nicht hinzufallen. Herr Matthiesen hatte schnell noch Sand über den Weg gestreut, was das Laufen etwas erleichterte. Hans drückte ihm die Hand, wünschte alles Gute, trippelte langsam zu seinem Auto und setzte sich hinein. Er atmete tief durch. Vor ihm startete der Rettungswagen und warf sein blaues Licht in das Schneetreiben, und Hans hoffte, von dessen Fahrspur etwas profitieren zu können, ohne ins Rutschen zu geraten. Nicht zum ersten Mal beschlichen ihn Zweifel, ob der Besuch des Polterabends heute eine gute Idee war.

Achim Truelsen verließ den Kuhstall durch die Melkkammer und rutschte nach nicht mal zehn Schritten aus. Unsanft landete er auf dem gefrorenen Boden.

»Mann, is' dat glatt.«

Er rappelte sich wieder auf. In der Dämmerung hatte er die vereisten Stellen nicht wahrgenommen. Jetzt tappte er vorsichtig Schritt für Schritt in Richtung Schweinestall. Es war nicht nur rutschig, auch der starke Ostwind mit den Schneeflocken war äußerst unangenehm. Am Gebäude angekommen, tastete er sich mit den Händen entlang der Mauer bis zum Eingang.

Als der Bauer endlich in den Stall trat, empfing ihn die wohlige Wärme, die von den Tieren und den Rotlichtlampen in der Ferkelecke ausging. Er schaltete seine moderne Fütterungsanlage an, die das Kraftfutter in die Krippen warf. Ein tolles System, fand Achim, das ihm jede Menge Arbeit abnahm, und das war gerade in diesen Tagen angenehm, an denen der Bauer ohne viel Hilfe dastand.

Achim schaute in den Gang mit den Sauen und stellte fest, dass auch die zweite trächtige Sau in der Box neben der ersten geworfen hatte. Vierzehn kleine Ferkel zählte er zufrieden und schaltete einen weiteren Strang der Rotlichtlampen an der Decke an. Der Bauer betrachtete die Neugeborenen noch eine Weile, vergewisserte sich, dass bei ihnen und den am Morgen geborenen Ferkeln alles in Ordnung war. In der Futterkammer dreht er schließlich das Licht für Stall und Gang aus und wandte sich zum Gehen. An der Tür musste er sich mit aller Kraft dagegen lehnen, und als sie endlich nachgab, staunte Achim, wie sehr der Wind an der äußeren Stallwand schon erste Schneewehen aufgetürmt hatte. Er schaute hoch zur Eiche in der Mitte des Hofplatzes, deren Äste sich im fahlen Licht der Hausbeleuchtung gefährlich im Wind bogen.

»Jetzt reicht es aber langsam«, brummte er und stapfte vorsichtig Richtung Wohnhaus, den Kopf tief eingezogen. Er freute sich auf einen ruhigen Fernsehabend im warmen Wohnzimmer.

»Da bist du ja endlich! Mensch, ich hab mich schon gefragt, wo du so lange steckst«, begrüßte Rena ihren Mann im Hausflur.

»Es ging nicht schneller, war ein Herzinfarkt. Bis endlich mal der Krankenwagen kam, verging eine Ewigkeit. Und die Straßen … Ich habe jetzt eine Stunde von Radeby hierher gebraucht.«

Hans war nur froh, dass er endlich zu Hause angekommen war. Es war schon sieben Uhr; er war viel später, als er geplant hatte, zurückgekehrt. Die Fahrverhältnisse waren immer widriger geworden. Hans zog seine Schuhe aus, die für den Wintereinbruch alles andere als geeignet gewesen waren. Seine Füße waren eiskalt.

»Rena, ich weiß nicht, ob es eine gute Idee ist, dass wir zum Polterabend fahren«, erklärte er. »Die Straßen sind teilweise schon ganz schön zugeweht. Und wenn sie noch offen sind, sind sie spiegelglatt.«

»Natürlich gehen wir hin! Meine Eltern sind schon gekommen, um auf die Kinder aufzupassen. Wir müssen ja nicht rasen.«

»Das geht auch nicht mehr.«

»Da wird ja wohl mal der Räumdienst durchfahren«, meinte Rena. »Ich habe auch schon beim Schneevogt angerufen, der Schneeflug ist längst unterwegs. Die Straße nach Bröderup wird ja wohl geräumt und gestreut werden. Bei dem Anlass! Der Bürgermeister hat es doch in der Hand.«

»Bestimmt wurde die Straße geräumt, aber wie lange hält das?«

Jetzt kam Lisbeth hinzu. »Im Wetterbericht war überhaupt keine Rede von Schnee«, meinte sie verwundert, »nur von Regen und Sturm.«

»Eben.« Rena fühlte sich bestätigt. »Das wird schon wieder aufhören. Und wir müssen ja nicht in schickem Kleid und Anzug und dünnen Schuhen dahin.«

»Rena, glaub mir, es ist unangenehm. Die Straßen sind glatt. Es ist eindeutig Winter geworden. Du siehst doch selber, dass es schneit.«

»Da hat er natürlich recht, Rena«, fand jetzt auch Lisbeth. »Wenn Hans meint, es ist schwer zu fahren – wollt ihr da wirklich noch los?«

»Jetzt seid ihr doch extra gekommen, damit wir fahren können. Und bei euch ging es doch auch noch. Seit Wochen freuen wir uns auf diesen Abend. Also, probieren sollten wir es, oder, Hans?« Rena schaute ihn bittend an. Sie hatte sich den Polterabend in den Kopf gesetzt und war davon nicht mehr abzubringen. »Du hast doch gute Winterreifen. Im Zweifelsfall kommen wir früher nach Hause. Bitte.«

Sie wusste, dass Hans ihrem Flehen schwer widerstehen konnte. So war es immer. Auch jetzt.

»Also gut«, willigte Hans zögerlich ein. »Ich will ja selber hin. Dann probieren wir es. Und natürlich trage ich zu diesem Anlass einen Anzug.«

»Aber ihr seid wirklich vorsichtig?« Lisbeth klang ernsthaft besorgt.

»Sind wir immer, Mama.«

Hans ging ins Schlafzimmer und zog sich Hose und Socken aus. Mit einem Handtuch frottierte er seine kalten Füße und registrierte zufrieden, dass langsam wieder Leben in sie kroch. Er zog seine Anzughose und frische Strümpfe an und schaute zum Fenster, das Richtung Osten ging. Draußen war es dunkel, aber im Schein des Zimmerlichts sah Hans, wie der Schnee gegen die Scheibe drückte, begleitet vom wütend klingenden Heulen des Windes.

Als er schließlich ins Wohnzimmer kam, saßen seine Kinder mit ihren Großeltern vor dem neuen Farbfernseher und schauten die *Aktuelle Schaubude*.

»Na, Tobi, jetzt kannst du bald deinen Schlitten ausprobieren«, begrüßte Hans seinen Jüngsten, der kaum von der Mattscheibe hochsah. »Draußen liegt schon so viel Schnee, dass das Autofahren keinen Spaß mehr macht.«

Mascha schaute ängstlich. »Wollt ihr wirklich weggehen?«

»Wir sind ganz vorsichtig, Schatz, das versprechen wir«, beruhigte Rena und an Hans gewandt: »Können wir los?«

Sie trug eine weiße Bluse, darüber ihren Wintermantel, Handschuhe und eine schwarze Satinhose, deren Beine sie in ihre hohen Winterstiefel gesteckt hatte. In der rechten Hand hielt sie das Geschenk, in der linken elegante Schuhe mit Absätzen. »Ich bin bereit fürs Tanzen«, lachte sie. »Es kann losgehen. Bis später.«

»Ja, bis später.«

»Seid vorsichtig!«, mahnte Hermann.

Als Rena und Hans nach draußen kamen, war Hans' VW-Passat schon mit einer Schicht Schnee überzogen.

»Siehst du«, sagte Hans. »Es ist schlimmer, als man von drinnen denkt.«

»Jetzt fang nicht wieder damit an. Wir probieren es einfach. Auf der Dorfstraße wird es schon gehen.«

Rena öffnete die Beifahrertür, legte ihre Ersatzschuhe und das Geschenk in den Fußraum und reichte Hans den dort bereits liegenden Handfeger, um die Scheiben freizubekommen.

Schließlich fuhren sie vorsichtig die Auffahrt hinunter. Im Schritttempo ging es Richtung Bröderup, während die Schneeflocken wild vor der Windschutzscheibe tanzten.

»Ich sehe nicht viel«, meinte Hans am Steuer. »Der Wind hat nochmal zugelegt.«

Rena hatte sich vorgebeugt und schaute mit ihrem Mann angestrengt nach vorne. Sie hatten Söreby noch nicht verlassen, als das Auto ins Schlingern geriet. Hans lenkte gegen. Der Wagen brach jedoch nach links aus und landete in einer Schneewehe. Es gab einen Ruck und dann Stillstand.

Hans legte den Rückwärtsgang ein und gab Gas. Die Räder drehten durch.

»Oh nein, nicht das noch.«

Er probierte es noch einmal, aber ohne Erfolg. Hans öffnete die Tür, die der Wind ihm aus der Hand riss. »Du setzt dich ans Steuer, ich schiebe.«

Rena rutschte vom Beifahrer- auf den Fahrersitz. Draußen kletterte Hans mit seinen Halbschuhen in den Schnee. Er stellte sich vor die Motorhaube und drückte. Im Lichtschein konnte Rena erahnen, wie viel Kraft es ihn kostete, sich in Wind und Schnee aufrecht zu halten und gleichzeitig zu schieben.

Rena legte den Rückwärtsgang ein und gab Gas.

Es gelang, das Auto war schnell wieder frei. Hans tastete sich am Wagen entlang und stieg jetzt auf der Beifahrerseite ein.

»Geht's?«, fragte Rena.

»Blöde Frage.« Hans fegte keuchend mit seiner linken Hand den Schnee von seinen Schuhen. Seine Haare waren nass, sein Gesicht eiskalt. »Das wird ja ein Vergnügen, wenn das so weitergeht.«

»Wieso war der Schneepflug eigentlich noch nicht da?«

Hans lachte gequält. »Ich glaube, der ist hier schon durchgefahren. Aber er kann gleich nochmal kommen.«

Im Schritttempo passierten sie das Ortsausgangsschild. Jetzt war das Dorf Söreby durchquert und für die letzten zwei Kilometer nach Bröderup führte die Straße ohne Häuserschutz quasi über das freie Feld. Ein kräftiger Windstoß hieb von rechts gegen das Auto und brachte es erneut ins Schlingern. Rena versuchte gegenzusteuern, war aber machtlos, als das Auto nach links rutschte, direkt in die nächste Schneewehe hinein.

»Das darf ja wohl nicht wahr sein.« Hans sah fassungslos aus der Windschutzscheibe. »Warum haben wir bloß das Haus verlassen?«

Dann öffnete er die Tür. »Also, das Gleiche nochmal.« Vorsichtig stieg er aus.

Rena legte wieder den Rückwärtsgang ein, gab Gas, und Hans schob.

Das Auto bewegte sich nicht. Hans zuckte mit den Schultern und Rena nahm den Fuß vom Gaspedal. Hans hielt sich am Auto fest, während er sich Richtung Kofferraum hangelte, um dort den kleinen Spaten, den er immer dabeihatte, herauszuholen. Dann fing er an, vor den Reifen den Schnee zu entfernen. Rena kam dazu und half mit den Handfeger. Nach einer Weile stieg sie wieder ein und gab erneut Gas. In einer Mischung aus Wut und Verzweiflung drückte Hans, so stark er konnte.

Langsam bewegte sich das Auto nach hinten. Die Räder drehten durch. Rena legte den ersten Gang ein und kroch ein paar Zentimeter nach vorne. Dann wieder zurück. Und nach vorne.

Schließlich war das Auto befreit. Hans setzte sich verärgert auf den Beifahrersitz. Er war klatschnass. Sein Gesicht brannte vor Kälte.

»So, Renate, und jetzt fahren wir nach Hause. Das hat überhaupt keinen Sinn hier.«

»Aber jetzt sind wir doch wieder frei«, widersprach Rena, allerdings nicht mehr so überzeugt wie noch vor ihrer Abfahrt. Zumal sie wusste, dass Hans, sobald er sie mit ihrem vollen Namen ansprach, seine Entscheidung längst gefällt hatte.

»Dann passiert es in fünf Minuten wieder«, fuhr er fort. »Wir sind schon – wie lange eigentlich? – unterwegs und haben noch nicht mal ein Drittel geschafft. Und zu Hause haben wir drei Kinder sitzen, für die wir verantwortlich sind. Ja, deine Eltern sind da, aber wer weiß, was passiert, wenn wir jetzt weiterfahren. Vielleicht kommen wir beim Polterabend an, aber nicht wieder zurück. Das ist doch verantwortungslos. Abgesehen davon bin ich total durchnässt und friere. So kann ich doch auf keine Party gehen. Echt, ich hab keine Lust mehr.«

Rena schaute bedrückt geradeaus, sie wusste, dass Hans recht hatte. »Also gut, fahren wir zurück.«

Sie wendete vorsichtig. Es gelang ohne Zwischenfall, und sie atmete tief durch. Der Wind kam jetzt von der linken Seite, aber Rena war auf die Böen besser vorbereitet. Nach einer gefühlten Ewigkeit erreichten sie im Schneckentempo ihr Haus, erleichtert, nicht noch einmal stecken geblieben zu sein.

»Das Garagentor ist eingeschneit«, stellte Hans ermattet fest. »Auch das noch.«

»Das Auto von meinen Eltern ist kaum noch zu sehen«, ergänzte Rena.

Hans überlegte einen Moment, ob er die Garage freischaufeln sollte. Es wäre vernünftig, dann wäre das Auto geschützt, das für Notfälle bereit sein sollte. Es war bestimmt leichter, morgen nur die Garageneinfahrt als einen ganzen Wagen freizuschaufeln. Doch er verspürte den dringenden Wunsch, in sein warmes Haus zu kommen und sich der nassen Sachen zu entledigen.

»Komm, jetzt kehren wir noch vor der Garage, sonst ist unser Auto auch verschwunden«, riss ihn Rena aus seiner Traumvorstellung. Hans seufzte.

»Du hast recht. Lass uns anfangen.«

Im Krog trudelten die Gäste ein. Bürgermeister Hinrichsen und seine standesamtlich frisch angetraute Frau Jutta standen am Eingang zum Festsaal, während die Schlange derer, die gratulieren wollten, immer länger wurde. Nicht nur die Verwandtschaft und die Einwohner der Gemeinde, auch viele Kollegen aus der Flensburger Klinik, in der Jutta arbeitete, waren gekommen. Die Wartenden drängelten sich in den Eingangsbereich, weil keiner draußen in Schnee und Wind stehen wollte. Fast alle hatten sich festlich angezogen, die Männer im Anzug, die Frauen in leichten Kleidern und Schuhen mit Absätzen. Beim Hereinkommen wurde lauthals und scherzend der Zustand der nassen und kalten Füße kommentiert, die durchs Tanzen sicher bald heiß würden. Auf dem Fußboden sammelte sich eine große Pfütze aus geschmolzenen Schnee und Dreck, der direkt weiter in den Gastraum und den Saal getragen wurde.

Die Krog-Mitarbeiter hatten alle Hände voll zu tun. Bärbel und Ellen gossen Sekt ein, und ihre Töchter liefen mit Tabletts voller Gläser durch die Menge, die in Windeseile von den Gästen gegriffen wurden. Die Stimmung war bestens, es wurde geraucht, geredet und gelacht, und die Temperatur im Saal mit den vielen Leuten war bald so hoch, dass die Männer sich ihrer Jacketts entledigten.

Im Gastraum vor dem Festsaal wurden die Speisen für das Buffet gebracht. Bärbel schleppte mit Schwester und Nichte Schüsseln und Platten herein, stellte frische Teller hin, holte Nachschub an Mineralwasser und Cola.

Als alle Anwesenden schon mal beim Buffet zugelangt hatten, hielt der Bürgermeister eine Rede. Er dankte allen, die gekommen waren, besonders auch den Wirtsleuten, erzählte Anekdoten, wie er und seine Frau sich kennengelernt hatten, und machte Witzchen. »Tja, und mit dem Geschirrzerdeppern wird das heute ja eher nix. Im Schnee, da wird nichts zerbrechen. Das bringt nur Unglück, wenn nichts kaputt geht! Und ich muss auch ehrlich sagen, jetzt draußen rumzustehen ist ja auch kein Vergnügen. Aber eine Sache habe ich noch für euch. Im Norden wird ja immer viel getrunken – und das soll auch so sein! Nur mit dem Fahren ist das ja nicht immer so gut, und es sollen schließlich alle sicher zu Hause ankommen, vor allem bei dem Wetter. Deshalb haben meine Frau Jutta und ich vorgesorgt: Nur dass ihr es alle wisst – wer zu viel trinkt und nicht mehr fahren will oder kann, der kann nachher unseren Busservice in Anspruch nehmen.«

»Ooooh«, raunten die Gäste.

»Also, ihr steigt ein, der Bus fährt los, und ihr kommt heil zu Hause an. Und ihr Flensburger noch rechtzeitig morgen zum Dienst ins Krankenhaus«, wandte Hinrichsen sich direkt an die zahlreich anwesenden Ärzte, die auflachten. »So gibt das keine Probleme, und wir wollen ja nicht, dass euch auf der Straße bei dem Schietwetter irgendwas passiert.«

»Hoch soll'n sie leben«, rief der Vater des Bräutigams, und alle stimmten ein. »Hoch soll'n sie leben, hoch soll'n sie leben, dreimal hooooch!«

»Hoch, hoch, hoooooooooch!«

»Mehr Sekt, schnell. Und Korn.« Die Serviererinnen brauchten Nachschub, und Bärbel und ihre Schwester Ellen kamen mit dem Einschenken kaum hinterher. Es war anstrengend und doch genau der Stress, den Bärbel an ihrem Beruf so liebte. Obwohl der Saal voll wirkte, waren es bei Weitem nicht so viele Gäste, wie sie eigentlich erwartet hatte. Da machte den Eingeladenen wohl doch das schlechte Wetter einen Strich durch die Rechnung.

Die Wirtin fing an, das benutzte Geschirr einzusammeln, als der Bräutigam sie antippte.

»Wo ist denn die Musik?«, fragte Christian Hinrichsen.

Bärbel schaute auf die Uhr, die gegenüber der Theke hing. Es war schon halb zehn durch. Jetzt wäre spätestens der richtige Zeitpunkt gewesen, dass Manne mit Auflegen anfing. Wo blieb er überhaupt? Das passte gar nicht zu ihm.

»Die Musik ist theoretisch da, nur der Discjockey fehlt«, antwortete Bärbel. »Ihm wird doch nichts passiert sein?«

Bärbel trug das dreckige Geschirr, das sie gerade in den Händen hielt, in die Küche und ging danach in das kleine Büro am Ende des Flurs. Sie nahm den Telefonhörer von der Gabel und wählte Mannes Nummer.

»Hallo?«, fragte eine Frauenstimme. Heinke, Mannes Freundin.

»Ja, hier Bärbel Beeck vom Krog in Bröderup. Ist Manne da?«

»Nee, der ist schon vor bestimmt zwei Stunden losgefahren. Ist er etwa nicht da? Der müsste längst bei Ihnen sein.«

»Bis jetzt ist er hier noch nicht angekommen.«

»Das ist unmöglich.« Die Stimme von Mannes Freundin klang schlagartig besorgt.

»Also gut, er wird sicher gleich kommen«, versuchte Bärbel die Frau zu beruhigen. »Jetzt warten wir noch ein paar Minuten.«

»Sagen Sie ihm, dass er mich anrufen soll, wenn er da ist.«

»Das mach ich. Tschüss.«

Bärbel legte auf und überlegte. Die Gäste wollten tanzen, und es gab keine Musik. Die Stimmung durfte nicht kippen. Die Wirtin erwog ihre Möglichkeiten. Schließlich drehte sie sich um und suchte Hauke. Sie fand ihren Sohn in der Küche beim Spülen.

»Hauke, du kennst dich doch sicher mit der Musikanlage von Manne aus, oder?«

»Klar, nichts leichter als das.«

»Gut, dann warten wir jetzt noch eine Viertelstunde, und wenn er dann immer noch nicht da, bist eben du der Discjockey.«

»Bist du verrückt?« Hauke zeigte seiner Mutter mit seinen Spülfingern einen Vogel. »Manne killt mich, wenn ich an seine Sachen gehe. Und danach killt er dich.«

»Manne ist aber nicht da, und wir haben hier eine Festgesellschaft. Das ist höhere Gewalt. Also, was machen wir?«

Hauke schaute noch etwas unsicher. Innerlich war seine Wahl längst gefallen, denn er hatte nichts dagegen, seinen Spülposten aufzugeben.

»Okay. Aber ein bisschen warten wir noch.«

»Aber nur noch ein bisschen.« Bärbel ging zufrieden zurück in den Gastraum.

»So ein Sauwetter.«

Hans und Rena waren durchgefroren und durchnässt, als sie endlich das Auto in der Garage parken und ins Haus gehen konnten. Die zwei Schneeschaufeln stellten sie vorsorglich drinnen neben die Eingangstür. Noch während sie ihre Schuhe und Mäntel auszogen, kamen alle drei Kinder auf sie zu gerannt und fielen ihnen in die Arme.

»Da seid ihr ja schon«, rief Tobi und drückte sich an seine Mutter. »Ihr seid voller Schnee.«

»Und ihr seid noch gar nicht im Bett?«

»Wie war der Polterabend?«, wollte Mascha wissen.

»Wisst ihr was«, erklärte Rena ihren Kindern, »wir waren gar nicht da. Draußen kommt man nicht mehr von der Stelle. Wir sind nur bis zum Ortsschild von Söreby gekommen.«

Auch Lisbeth und Hermann erschienen im Hausflur.

»Gott sei Dank«, sagte Lisbeth, »wir haben uns schon ziemliche Sorgen um euch gemacht. Das war wohl doch keine so gute Idee, das Haus noch mal zu verlassen.«

»Was für ein Mistwetter«, erwiderte Rena. »Ihr könnt es euch nicht vorstellen. So was habe ich noch nie erlebt. Hans hatte leider recht – es war eine Schnapsidee. Am besten, ihr bleibt heute Nacht bei uns. Es ist wirklich unmöglich, Richtung Bröderup zu fahren.«

»Das haben wir uns schon gedacht, deswegen nehmen wir das Angebot gerne an«, erklärte Hermann.

»Wie wär's mit einem Grog?«, fragte Lisbeth.

Hans nickte heftig mit dem Kopf. »Unbedingt. Wenn ich nicht gleich warm werde, hole ich mir noch den Tod.«

»Sag das nicht.« Rena schaute ihren Mann streng an.

»Ist doch nur so ein Spruch. Du in deinen Stiefeln hast ja keine Ahnung, wie sich meine Füße anfühlen.«

»Ich mach dir zum Grog noch eine Wärmflasche.« Lisbeth verschwand schon in der Küche.

»Prima. Und dann geh ich sofort ins Bett.« Hans rieb sich die Hände. »Morgen ist schließlich Sprechstunde.«

»Hoffen wir, dass dieses Wetter dann vorüber ist«, äußerte Hermann, »sonst kommt keiner in die Praxis.«

Zehn Minuten wartete Bärbel ab, dann gab sie ihrem Sohn das Zeichen, sich um die Musik zu kümmern. Hauke lief eifrig zu Mannes Musikanlage und legte Boney M auf. Durch die Polterabendgesellschaft ging ein Ruck, jubelnd wurde die Musik begrüßt, und die Tanzfläche füllte sich augenblicklich. Bärbel registrierte es erleichtert. Auch wenn zwei Veranstaltungen hintereinander anstrengend waren, so sollte es sich für den Krog doch lohnen, und da konnte sie es nicht gebrauchen, wenn die Gäste früher als geplant aufbrachen, weil die Stimmung abfiel. Denn jetzt, mit dem Tanzen, stieg der Umsatz an Getränken steil an.

Zugleich fragte sich Bärbel, wo eigentlich Manne steckte. Sie ging zum ersten Mal seit Stunden zur Hintertür, um hinauszuschauen. Als sie die Tür öffnete, staunte sie nicht schlecht. Auf dem westlichen Teil des Besucherparkplatzes türmte sich der Schnee so hoch, dass die Autos nicht mehr zu erkennen waren. Die Temperatur war seit dem Nachmittag noch einmal deutlich gesunken, und der Wind hatte sogar noch weiter zugenommen. Bärbel schloss die Tür sofort wieder. Kein Wunder, dass nicht alle Gäste gekommen waren. Sie hoffte nur, dass Manne nichts passiert war.

Im Saal war die Tanzfläche voll. Hauke blätterte hinter der Musikanlage begeistert durch Mannes Langspielplatten, Maike hatte sich dazugesetzt und schaute ihm interessiert über die Schulter. Bärbel nahm neue Getränkebestellungen entgegen. Aus den Augenwinkeln sah sie, wie der Bürgermeister und seine Frau im Farbengewitter der Lichtanlage strahlend tanzten.

Gegen halb zwei Uhr fuhr der Bus vor. Der Fahrer kam in den Krog und schüttelte seine Mütze aus. Bärbel bot ihm einen heißen Tee an, den Kalle Möller dankbar annahm.

»Wie wär's noch mit einer wärmenden Gulaschsuppe?«

»Gerne. So ein Schnee, das gibt es gar nicht. Ich kann mich gar nicht erinnern, dass wir so was schon mal hatten«, meinte Kalle.

»Sind die Straßen denn frei?«, fragte Bärbel.

»Jetzt gerade ist der Schneepflug auf der Bundesstraße durch, das war mein Glück. War wirklich nicht einfach. Es ist ordentlich glatt. Und dazu noch die Schneewehen und der unangenehme Wind.« Kalle Möller nahm einen Schluck vom Tee. »Ah, schön warm. Ich will mal schauen, dass ich den Bus schnell voll krieg, damit ich noch etwas freie Fahrt auf der geräumten Straße hab. Und dann ab ins Bett.«

Bärbel nickte. »Ich sag dem Bräutigam Bescheid.«

Sie fand ihn auf der Tanzfläche. Christian Hinrichsen nickte zu dem, was Bärbel in sein Ohr brüllte, griff danach zum Mikrofon und bedeutete Hauke, die Musik herunterzudrehen.

»So, Leute, die Fahrt nach Flensburg geht los. Wer in die Richtung mitfahren will, der muss sich jetzt so langsam fertig machen, der Busfahrer wartet schon. Schön, dass ihr alle hier wart – und kommt gut nach Hause. Danke und bis bald!«

Lautes Gejohle kommentierte seine Worte, und die Tanzfläche leerte sich zusehends. Vor der Garderobe bildete sich ein Stau, es dauerte eine Weile, bis jeder an seine Sachen kam. Jacken und Mäntel wurden hin- und hergereicht, und das begleitende Lachen ließ auf eine Menge Alkoholkonsum schließen. Dazwischen mischten sich entsetzte Ausrufe, sobald jemand die Tür öffnete und ins Schneetreiben hinaustrat.

Die Frauen, die mehrheitlich Kleider und dünne Schuhe mit Absätzen trugen, hielten sich an ihren Männern fest, um unfallfrei zum Bus zu gelangen.

Etwa fünfzig Festgäste kletterten in den Bus, den Kalle Möller schon gestartet hatte. Auch Claudia und Ellen, die beim Servieren geholfen hatten, standen an der Eingangsstufe.

»Ist noch Platz für uns? Dürfen wir ein Stückchen mitfahren? Wir wohnen in Dellropp, sind ja nur fünf Kilometer.«

»Klar, immer rein mit Ihnen.«

Die zwei Frauen stiegen ein und setzten sich direkt in

die erste Reihe hinter den Fahrer. Im Bus war es angenehm warm, was fröhlich begrüßt wurde.

»Hier lässt sich's aushalten.«

»Du liebe Güte, was für ein Sturm.«

»Hoffentlich kommen wir überhaupt noch zu Hause an. Sonst müssen wir hier wohl übernachten.«

»Macht ja nix, ist ja schön warm hier.«

»Und wer geht dann ins Krankenhaus zum Dienst? Die Kollegen werden sich bedanken!«

»Sind alle da, die mitwollen?«, fragte Kalle Möller dazwischen.

»Alle da«, riefen die Gäste zurück. »Kann losgehen.«

»Denn man to.« Kalle Möller legte den Gang ein und gab Gas. Die Scheibenwischer arbeiteten auf voller Stufe. Der Bus setzte in Bewegung und fuhr im Schneckentempo das kurze Stück von der Dorfstraße auf die Bundesstraße.

»Wir fahren ja wie auf Eiern«, stellte Doktor Ernst Jachmann in der ersten Sitzreihe rechts des Fahrers fest.

Kalle Möller reagierte nicht. Hochkonzentriert manövrierte er sein riesiges Fahrzeug über die glatte Fahrbahn. Der Wind rüttelte so stark, dass man es auch innen bemerkte.

»Bin ich froh, dass ich nicht selbst fahren muss«, ergänzte Doktor Rolf Schaupe auf der linken Seite hinter Claudia und Ellen.

»Hach, war das ein rauschender Polterabend«, schwärmte seine Frau Ursel, die sich mit den hinter ihr Sitzenden unterhielt. »Lange nicht mehr so ausgelassen getanzt.«

»Bin gespannt, wann bei den Hinrichsens das erste Kind kommt.«

»Und ob Jutta in der Klinik bleibt?«

»Vielleicht wird sie ja Landärztin.«

Im ganzen Bus war noch ausgelassenes Geplauder und Gelächter zu hören, von Müdigkeit keine Spur. Lediglich Claudia und Ellen waren so erschöpft, dass sie sich gegeneinander lehnten und die Augen schlossen. Kalle Möller schaute angestrengt auf die Straße, und Doktor Schaupe und Doktor Jachmann taten es ihm gleich und beteiligten sich nicht an den angeregten Gesprächen.

Sie hatten gerade mal zwei Kilometer zurückgelegt, als die Fahrt zu Ende war. Ungehindert hatte sich auf einem ungeschützten Teilstück der Bundesstraße der Schnee zu einer riesigen Wehe aufgetürmt, in die der Bus sanft hineinschlitterte. Kalle Möller war ein erfahrener Fahrer und verzichtete auf festes Bremsen. Er spürte, wie sein Bus über die spiegelglatte Fahrbahn glitt. Schließlich gab es einen Ruck, und das Fahrzeug kam zum Stehen.

Die Oberkörper der Passagiere bewegten sich nach vorne und wieder zurück. Es gab spitze Aufschreie. Ellen hatte sich im Schlaf den Kopf an der Scheibe, die den Fahrersitz von den Passagieren trennte, gestoßen und wachte irritiert auf.

»Aua.« Sie rieb sich die Stirn und war einen Moment wie benommen. »Was war das?«

Die Gespräche erstarben. Urplötzlich herrschte Stille.

Der Busfahrer legte den Rückwärtsgang ein und gab Gas. Der Bus bewegte sich keinen Millimeter.

»Und jetzt?«, fragte Ursel Schaupe.

Kalle Möller drückte einen Knopf, es zischte, und die Bustür öffnete sich. Er stieg aus und sah im Scheinwerferlicht, dass die Schneewehe die gesamte Bundesstraße überzog. Er betrachtete die festgefahrenen Räder im Schnee, während er seine Mütze festhielt, damit sie in dem scharfen Wind nicht davonflog. Sein Bus hatte sich tief festgesetzt, daran gab es überhaupt keinen Zweifel. Für Kalle war klar, dass es keines weiteren Befreiungsmanövers bedurfte. Sie saßen fest, und eine Schaufel hatte er nicht dabei. Ob es was gebracht hätte? Der Busfahrer sah zu, dass er aus der schneidenden Kälte wieder nach drinnen kam.

»Brauchen Sie Hilfe?«, fragte Doktor Jachmann, der sich gerade um Ellen kümmerte. Auf den ersten Blick schien sie den Stoß ohne Verletzungen überstanden zu haben.

»Nicht nötig. Wir können nichts machen. Nur hoffen, dass wir hier irgendwann herausgezogen werden«, erwiderte Kalle. »Und selbst wenn, die Schneewehen auf der Straße packt der Bus nicht mehr.«

»Der Schneepflug wird ja wohl noch mal vorbeikommen in dieser Nacht«, meinte Doktor Schaupe. »Das ist schließlich die Bundesstraße nach Flensburg. Der Verkehr muss fließen.«

»Hier fließt erst mal nix mehr.« Kalle Möller konnte sich nicht vorstellen, dass ein Schneepflug dieses Problem heute Nacht noch in den Griff bekam. Nicht bei diesem Wind und dem massiven Schneefall. »Da bleibt uns im Moment nur, abzuwarten«, erklärte der Busfahrer. »Der Sturm wird ja hoffentlich bald vorbei sein.«

»Und was ist mit uns?«, wollte Kirsten Jachmann wissen.

»Wir warten, hast du doch gehört«, antwortete ihr Mann.

»Hier? Stundenlang, bis vielleicht mal jemand vorbeikommt?« Kirsten konnte nicht glauben, dass sie zum Nichtstun verdammt sein sollten. »Als ob irgendjemand bei dem Scheißwetter hier zufällig vorbeikommt und uns herauszieht! Das glaubt ihr doch wohl selbst nicht.«

»Immerhin befinden wir uns auf der Bundesstraße«, entgegnete Ernst. »Die wird zuerst geräumt.«

»Das kann ja heiter werden. Sehen Sie wirklich keine andere Maßnahme, Herr Möller?«, wandte sich Kirsten an den Busfahrer. »Bis jemand kommt und uns herausholt, sind wir doch längst erfroren.«

»Ich kann die Standheizung anlassen, dann müssen wir wenigstens nicht frieren«, stellte Kalle Möller in Aussicht.

»Ja, bitte.« Kirsten Jachmann hatte wie viele andere Frauen im Bus nur eine dünne Nylon-Strumpfhose an und kalte und nasse Füße. Sie fror schon, seit sie das Gasthaus verlassen hatte.

Die ausgelassene Stimmung, die anfangs noch geherrscht hatte, war weg. Leises Gemurmel setzte ein und erstarb nach einer Weile. Die Heizung pustete warme Luft in den Innenraum des Busses, immerhin war es nicht allzu kalt.

»Wir haben es eigentlich gar nicht mehr weit, Mama«, meinte Claudia zu ihrer Mutter. »Vielleicht sollten wir das letzte Stück einfach laufen.«

»Bist du verrückt, Kind«, antwortete Ellen. »In der Dunkelheit und bei dem Schneetreiben lauf ich kein Stück. Das wäre ja Selbstmord. Nein, wir warten.«

»Wird schon jemand kommen«, versuchte Kalle Möller, optimistisch zu sein, während er dabei zusah, wie der Schnee auf der Windschutzscheibe landete. »Wir müssen ein bisschen Geduld haben. Solange es dunkel ist, sollte sich wirklich keiner auf den Weg machen.«

Kalle Möller versuchte, es sich so gemütlich wie möglich auf seinem Fahrersitz einzurichten. Seit dreißig Jahren arbeitete er als Busfahrer, er stand in der Verantwortung, seine Fahrgäste sicher nach Hause zu bringen. Das war ihm heute nicht gelungen. Sie würden warten müssen, bis Hilfe kam. Dass das noch in der Nacht passieren würde, glaubte er nicht. Kalle Möller allein konnte jetzt nichts tun. Er schloss die Augen und döste ein bisschen. Ihm war klar, dass er nicht würde schlafen können. Hinter ihm gab es vereinzelt Geraschel und Gemurmel, irgendwann sogar ein Schnarchen. Schon nach kurzer Zeit lief Kondenswasser die Scheiben herunter.

»Ich muss mal«, sagte einer im hinteren Drittel laut.

»Ich auch«, erklärte ein zweiter.

Kalle Möller richtete sich wieder auf. »Okay, ich mach die Tür auf, kommen Sie vor.«

Sieben Männer kamen zur vorderen Bustür und reihten sich auf. Kalle Möller drückte den Kopf und die Tür ging auf. Schnell sprangen die Männer raus, und die Tür schloss sich. Schließlich öffnete Kalle sie wieder, und alle stiegen genauso schnell wieder ein.

»Also, wenn jemand muss, gut hinstellen und nicht gegen den Wind pinkeln!«, erklärte Doktor Jörn Thiesen von der Inneren. »Ist aber gar nicht so leicht.«

Die männlichen Passagiere lachten so laut, dass spätestens jetzt alle im Bus wieder wach waren.

Kirsten Jachmann schaute verdrossen drein. »Was sollen wir Frauen machen?«, fragte sie.

»Na, was schon? Das Gleiche wie wir«, antwortete Jörn Thiesen.

»Sehr witzig. Ich habe nicht mal Schuhe, mit denen ich im Schnee gehen kann.«

Kirsten wurde es langsam zu viel. Ihre Blase drückte schon mächtig, und in ihrer Festgarderobe war ihr kalt.

»Dann musst du wohl warten«, beschied Jörn Thiesen mitleidlos und lief zurück an seinen Platz.

Kirsten schüttelte empört den Kopf und überlegte, warum sie den Kollegen ihres Mannes noch nie leiden konnte. Jetzt war ihr die Antwort darauf klarer.

Bärbel war nach der Abfahrt des Busses froh, dass sich das Fest dem Ende näherte. Sie hatte gewusst, dass es keine kurze Feier werden würde, so waren die Menschen hier nicht gestrickt. Wenn die Wirtin jetzt den Fußboden so betrachtete, würde es mit dem Saubermachen noch ein Weilchen dauern, bevor alle ins Bett gehen konnten. Und morgen ging es mit dem Feiern ja gleich weiter.

Kaum war der Bus vom Hof des Gasthofes verschwunden, drängte es auch die restlichen Gästen nach Hause. Hauke drehte die Musik leiser, und die Krog-Mitarbeiter begannen mit dem Aufräumen, sammelten die restlichen Gläser ein, zogen Tischdecken herunter und stellten die Stühle hoch. Die letzten Gäste – alle aus dem Ruhrgebiet angereiste Verwandte der Braut, die die fünf Zimmer im Krog gebucht hatten –, verstanden die Zeichen, standen bereitwillig auf und wünschten eine ruhige Nacht. Bärbel begann mit dem Feudeln.

Friedchen und Lene kamen aus der Küche, zogen ihre Mäntel an und verabschiedeten sich. Lene war mit dem Auto da und konnte Friedchen, die schon Ende sechzig war, auf dem Weg absetzen.

Wenige Augenblicke später waren die zwei Frauen wieder im Gasthaus.

»Können wir hier übernachten? Ich fahre keinen Meter«, sagte Lene.

»Natürlich, kein Problem«, antwortete Bärbel. »Aber es sind alle Gästezimmer mit Verwandtschaft der Braut belegt. Ihr müsst bei uns auf dem Ausziehsofa schlafen.«

»Besser als da draußen rumzufahren.«

»Und warm ist es bei uns noch dazu«, ergänzte Bärbel. »Ich gehe mit euch rüber und richte es euch.«

»Dann nichts wie ins Bett«, meinte Friedchen gut gelaunt. »Wir werden es uns schon kuschelig machen, nicht wahr, Lene?«

Im Bus auf der Bundesstraße wurde Kirsten Jachmann immer nervöser. Sie hatte sich weiß Gott wie lange zusammengerissen, aber jetzt ging es nicht mehr.

»Ich muss mal«, flüsterte sie ihrem Mann zu.

»Dann musst du nach draußen gehen«, erwiderte er müde.

»Wie soll ich das bitte schön machen, Ernst, in diesem Kleid, mit den Schuhen? Kannst du mir das verraten?« Kirsten musste sich zusammenreißen, um nicht zu laut zu werden.

»Weiß ich nicht. Not macht erfinderisch. Vielleicht hat irgendeine Dame hier im Bus etwas festeres Schuhwerk an und ist bereit, dir auszuhelfen.«

Kirsten sah sich unsicher in der Dunkelheit mit Notbeleuchtung um.

»Sie können meine Schuhe haben«, mischte sich Ellen ins Gespräch ein, die genau auf der anderen Seite vor sich hingedöst hatte. »Ich hab Größe 39. Und Sie?«

»40. Aber wird schon passen für den Moment. Danke. Sehr gerne hätte ich Ihre Schuhe, wenn es Ihnen nichts ausmacht.«

Ellen zog bereitwillig ihre Halbstiefel aus.

Kirsten Jachmann griff dankbar zu und quetschte sich ins Schuhwerk. Mit angezogenen Zehen passten ihre Füße hinein. Sie beugte sich zum Busfahrer herüber. »Herr Möller, könnten Sie jetzt die Tür aufmachen? Ich … muss mal.«

»Selbstverständlich. Wir müssen hier sowieso kurz etwas von der feuchten Luft rauslassen.«

Kalle Möller stand auf und positionierte sich vor dem Mittelgang.

»So, jetzt gibt es eine Pinkelrunde. Wer noch mit raus will, bitte kommen. Die Damen zuerst.«

»Ich hab keine Schuhe für den tiefen Schnee«, rief eine Frau von hinten.

»Ich auch nicht«, eine zweite.

»Hier vorne gibt es ein festes Paar Schuhe, falls das nötig ist«, erklärte Kalle Möller, und Ellen sah ihn verärgert an, denn sie hätte gerne selbst entschieden, wie viele Frauen in ihre Stiefel schlüpften.

Neben Kirsten Jachmann meldeten sich noch vier weitere Interessentinnen für die Schuhe an. Die Bustür ging auf, und Kirsten war die Erste, die vorsichtig heraussprang und die Luft anhielt, so eiskalt wehte es. Sie hockte sich hin und war froh, dass es noch dunkel war und niemand aus dem Bus sie sehen konnte. Zitternd vor Kälte beeilte sie sich, zurück ins Warme zu kommen.

Als alle draußen gewesen waren, erhielt Ellen ihre nassen Schuhe zurück. Sie schlüpfte hinein. Immerhin hatten sie dicht gehalten und waren innen nach wie vor trocken.

»He, Leute«, rief Jörn Thiesen von hinten, »es ist gleich halb sieben, mein Dienst beginnt. Ist noch jemand hier, der jetzt zu spät kommt?«

Die versammelte Ärzteschaft, die immerhin die Hälfte der Passagiere ausmachte, begann zu lachen.

»Ich.«

»Und ich.«

»Ich sollte auch da sein«, meinte Ernst Jachmann.

»Ich auch.«

»Da freuen sich jetzt aber die Kollegen von der Nachtschicht.«

»Wo bleibt eigentlich das Frühstück?«

»Kaffee wär nicht schlecht.«

»Ja, genau, Kaffee.« Rolf Schaupe wandte sich an den Busfahrer. »Herr Möller, Sie haben nicht zufällig irgendetwas zu trinken und zu essen an Bord? Also, vielleicht versteckt in irgendeiner Ecke? Könnte ja sein …«

Kalle Möller blickte den Arzt verdutzt an. »Nee, mein Herr, damit kann ich nicht dienen. Aber vielleicht kommt ja gleich ein Imbisswagen vorbei.«

Damit drehte er sich ab, damit es niemand sah, und tippte seinen Finger gegen die Stirn.

4

Freitag, 29. Dezember 1978

Zerstörte Versorgungsleitungen führten zu Stromausfall und verschärften die Situation. Nördlich des Nord-Ostsee-Kanals brach der Verkehr bei pausenlosem Schneefall und starkem Oststurm fast völlig zusammen. Die Autobahn Hamburg – Flensburg wurde zwischen Schuby und Schleswig gesperrt. Die Übergänge nach Dänemark waren am Nachmittag geschlossen. Stundenlang mussten Autofahrer in ihren Autos ausharren. Nur im Schritttempo können sie jetzt weiterfahren. Die Polizei warnt immer wieder Silvesterurlauber, mit dem Wagen nach Dänemark oder an die Küsten Schleswig-Holsteins zu fahren.

Bei orkanartigen Stürmen spitzte sich die Lage in einigen Gebieten am Nachmittag noch zu. Mehrere Dörfer sind abgeschnitten. Montagetrupps, die abgerissene Stromleitungen reparieren wollen, bleiben selbst mit ihren Fahrzeugen im Schnee stecken.

Tagesschau, 29. Dezember 1978

*

Der Wecker klingelte um viertel vor sieben, und Hans schlug sofort die Augen auf. Neben ihm drehte sich Rena um und suchte zielsicher mit ihrer rechten Hand nach dem Wecker, der schließlich verstummte.

Es war noch dunkel, und der Wind heulte unvermindert um ihr Haus. Hier oben in ihrem Schlafzimmer, das direkt über dem Wohnzimmer lag, klang der Sturm sogar noch wütender als im Erdgeschoss. Hans setzte sich auf und schaltete seine Nachttischlampe an. Einen kurzen Moment wartete er, bis seine Augen sich an die neue Helligkeit gewöhnt hatten, dann ging er zum Fenster und drückte seine Nase dagegen. An der Scheibe lief Kondenswasser herunter. Draußen sehen konnte Hans nicht viel, aber er merkte, dass der Schnee nach wie vor direkt auf das Fenster traf. Ihr Schlafzimmer ging nach Osten, und genau aus der Richtung kam der Wind.

»Ich steh gleich auf«, brummelte Rena und drehte sich auf die andere Seite. Im Gegensatz zu Hans war sie Langschläferin und musste sich überwinden, zu dieser frühen Stunde das Bett zu verlassen.

»Du kannst ruhig liegen bleiben.«

Hans setzte sich an ihre Bettkante. Ihr Gesicht war unter ihrem langen Haar kaum zu erkennen, und er strich liebevoll ihre dunklen Strähnen zur Seite. Sie blinzelte.

»Es stürmt immer noch.«

»Ja, und es schneit unvermindert.«

»Glaubst du, bei dem Wetter kommen Patienten?«

»Wahrscheinlich nicht, deswegen schlaf ruhig weiter. Ich schaff das allein.«

Hans stand auf, griff nach seiner Kleidung und ging ins Bad. Schließlich lief er die Treppe hinunter und traf in der Küche auf seine Schwiegermutter. Sie hatte die Kaffeemaschine schon angeschaltet.

»Guten Morgen, Hans. Ich konnte überhaupt nicht schlafen bei dem Sturm, da bin ich lieber aufgestanden.«

»Ja, es ist sehr ungemütlich.«

Das Telefon, das um Punkt sieben Uhr vom Kollegen auf die Praxis Fink umgeleitet wurde, klingelte. Hans ging ins Wohnzimmer und nahm ab.

»Moin, Chef, ich weiß ja nicht, wie es in Söreby aussieht, aber hier geht die Welt unter. Ich komm nicht vom Hof«, erklärte Michaela hörbar aufgeregt. »Tut mir leid, aber ich kann nicht zur Arbeit kommen. So eingeschneit waren wir noch nie.«

»Keine Bange, hier sieht es auch nicht besser aus. Wahrscheinlich geht es den Patienten ja genauso. Da kann man nichts machen. Machen Sie sich keinen Stress.«

»Alles klar, danke. Ich schau mal, wie sich die Lage entwickelt. Gerade arbeitet sich mein Mann mit der Schaufel zum Stall vor. Ich melde mich, sobald ich absehen kann, dass die Straße frei ist.«

Kaum hatte Hans aufgelegt, klingelte das Telefon erneut.

»Moin, Doktor Fink«, begrüßte ihn Annemarie. »Ich wollte zur Arbeit fahren, aber ich kann mein Auto gar nicht mehr entdecken. Es ist bis obenhin eingeschneit.«

Auch sie beruhigte Hans. Ihm war mittlerweile klar, dass seine Sprechstunde sowieso nicht gut besucht sein würde, wenn überhaupt. Der Morgen fing an zu grauen, und von dem Ausblick aus dem großen Wohnzimmerfenster, der so wunderbar Richtung Ostsee ging, war nichts mehr zu erkennen. Das Fenster war bis oben hin mit Schnee zugeweht.

Hans ging zurück in die Küche, goss sich einen Kaffee ein und schmierte sich ein Brot, das er im Stehen aß. Schließlich zog er sich Winterstiefel und Mantel an, setzte eine Mütze auf und öffnete die Haustür. So viel Schnee! Hans schaute ungläubig auf den Schneeberg vor ihm. Er begann, einen kleinen Kreis rund um die Tür freizuschippen, und gab schnell entmutigt auf. Es war sinnlos, er kam sich vor wie Sisyphos. Noch während er schippte, legte sich wieder Schnee auf die freien Stellen. Der Wind war so stark, dass die Arbeit nur für kurze Zeit von Erfolg gekrönt war. Hans stellte die Schneeschaufel zurück in den Flur und machte sich auf den nur dreißig Meter langen Weg in seine nebenan liegende Praxis.

Unter normalen Umständen war es ein Katzensprung. Jetzt musste Hans durch den Schnee stapfen und sank immer wieder bis zu den Hüften ein. Mühevoll kämpfte er sich voran. Dazu schmerzte der scharfe Ostwind auf seinem Gesicht. Es waren sicher zehn Grad unter null, und mit dem Wind fühlte es sich wie sibirische Kälte an. Hans war sich sicher, dass sich bei dem Wetter kein Mensch freiwillig auf den Weg zum Doktor machen würde, und tatsächlich stand auch niemand vor der Praxis, obwohl mittlerweile schon acht Uhr vorbei war, eine Zeit, zu der das Wartezimmer normalerweise gut gefüllt war.

Hoffentlich gibt es heute keinen Notfall, dachte Hans. Er hatte keine Ahnung, wie er in so einem Fall dorthin kommen sollte, wo auch immer es sein mochte. Als er die Praxiseingangstür sah, fluchte er laut.

»So ein Mist! Bin ich blöd.«

Die Tür war bis zur Hälfte zugeschneit. Und Hans hatte die Schneeschaufel nicht mitgenommen. Es blieb ihm nichts anderes übrig, als wieder umzukehren und die Schaufel zu holen.

Willi Moretzka erwachte später als gewöhnlich. Normalerweise drängte ihn seine volle Blase gegen acht Uhr aufs Klo. Aber nie wachte er vor dem Morgengrauen auf. Wenn er sich am späten Abend endlich ins Bett gelegt hatte, war er froh, nichts mehr denken und sich nicht mehr bewegen zu müssen. Er schlief meist wie ein Stein, und das empfand er selbst als größten Segen. Wenn schon der Tag so lang war, ausgefüllt mit Trinken und der Besorgung des Alkohols, musste nicht auch noch die Nacht zur Qual werden.

Raudi schlief stets in seinem Körbchen vor der Heizung, eine Armlänge von Moretzkas Bett entfernt. Kaum öffnete sein Herrchen die Augen, war der Hund zur Stelle. Die freudige Begrüßung machte es Willi leicht, sich im Bett aufzurichten und die Beine über die Kante zu bewegen. Einen Moment blieb er sitzen und streichelte Raudi, bis er sich stark genug fühlte, um sich aufzurichten. Dann wankte er ins Bad. Auf dem Weg dorthin öffnete er die Haustür und ließ Raudi hinaus. Auf dem Rückweg vom Bad öffnete Moretzka erneut die

Tür und rief seinen Hund. Es dauerte meist nicht lange, bis Raudi hechelnd zurückkehrte.

Heute Morgen wachte Willi Moretzka erst um halb zehn auf. Er schaltete die Nachttischlampe an, denn im Zimmer war es ungewöhnlich dunkel. Immer noch Sturm, dachte er, während er sein vereistes Fenster aus dem Bett heraus betrachtete und dem Rütteln des Windes an dem alten Haus zuhörte. Die Vorhänge, die einst seine Frau genäht hatte, zog er grundsätzlich nicht zu. Es gab hier keine Nachbarn, die hereinschauen konnten.

Raudi saß erwartungsvoll vor seinem Herrchen. Er bellte und verlangte, hinausgelassen zu werden. Willi setzte sich auf. Ihm war schwindelig, und er brauchte einen Moment, bis er halbwegs klar im Kopf war. Saukalt war es im Schlafzimmer. Raudi stupste ihn an. Es war wohl dringend. Also stand Willi auf, wartete einen Moment, bis der Schwindel nachließ, und schlurfte los.

Im Flur öffnete er die Haustür. Eiseskälte empfing ihn, und durch den unvermittelten Wind im Haus fiel der Kalender vom letzten Jahr von der Wand.

»Hoppla.«

Mit so einem Windstoß hatte der alte Mann nicht gerechnet. Direkt vor der Tür hatte sich ein Schneehaufen gebildet. Raudi winselte und schien sich nicht überwinden zu können, in den Schnee zu laufen.

»Raus mit dir.« Mit dem Fuß half Willi Moretzka nach.

Raudi winselte draußen erneut, als Willi die Tür schloss und seinen Gang aufs Klo fortsetzte. Als er aus dem Bad zurückkehrte, bellte der Hund wütend. Willi hatte die Haustür nur einen winzigen Spalt geöffnet, da war Raudi schon wieder drinnen und schüttelte sich.

»Sauwetter«, sagte Willi, und wie zur Bestätigung bellte der Hund noch mal.

Willi ging zurück ins Schlafzimmer und zog sich an. Ein neuer Tag begann. Im ganzen Haus herrschte Kälte, der Wind pfiff durch die Ritzen, und Willi Moretzka stellte im kalten Wohnzimmer den Ölofen an. Seine alte Kate war schlecht isoliert und alles andere als auf der Höhe der Heizungstechnik.

Willi ging weiter in die Küche, Raudi folgte aufgeregt, denn für ihn fiel jetzt etwas ab. Auch hier war es kalt, und Willi drehte am Regler der Heizung. Schließlich machte er sich an den Abwasch. Damit begann stets sein Tagwerk: Er spülte alle Teller, Gläser und Becher des Vortages. Viel war es nicht, und er tat es gewissenhaft. Anschließend stellte er die leer getrunkenen Flaschen in die Ecke hinter dem Vorhang, und weil er das Glas lange nicht mehr aus dem Haus gebracht hatte, reichte ihm der Stapel schon bis über den Bauchnabel.

»So«, sagte Willi Moretzka.

Er öffnete die Tür zum Vorratsschrank und schaute hinein. Eine alte Packung Toast mit drei Scheiben, eine Dose Erbsensuppe und zwei Dosen Hundefutter standen darin, außerdem drei Flachmänner mit Korn und ein Bier. Willi nahm den Toast heraus und notierte sich im Geiste, dass er heute beim Spar-Meier frisches Brot mitnehmen musste. Im Kühlschrank fand er einen Rest Margarine und ein fast volles Glas Himbeermarmelade, außerdem ein Stückchen Käse. Er holte alles für sein

Frühstück hervor und stellte es auf den Küchentisch. Er merkte sich, dass er neben Brot auch Margarine kaufen musste. Und Käse.

Für seinen Kaffee erhitzte Willi Wasser auf dem Elektroherd und rührte Kaffeepulver hinein. Er setzte sich an den Küchentisch und nahm vorsichtig einen Schluck. Schön heiß, dachte er und tastete nach der Heizung neben ihm, die langsam auf Touren kam. Jetzt holte er eine Toastscheibe aus der Plastiktüte und schmierte Margarine und Marmelade drauf. Er liebte dieses weiche Brot, das nicht anspruchsvoll zu kauen war.

Raudi schaute ihn erwartungsvoll an.

»Ach, du«, sagte Willi, holte die vorletzte Toastscheibe hervor, teilte sie und hielt seinem Hund eine Hälfte mit zittriger Hand hin. Raudi nahm sie behutsam und verschwand mit ihr unter dem Küchentisch.

Nachdem Willi sein Toastbrot gegessen und den Kaffee getrunken hatte, holte er sich einen Flachmann aus dem Schrank und nippte dran. Die ersten Schlucke Alkohol am Morgen nahm er mit Bedacht und immer erst nach dem Frühstück, sonst bekam er gleich Bauchschmerzen. Jetzt saß er am Küchentisch und ließ den Korn wirken, spürte, wie der Schnaps die Kehle hinabfloss. Das Zittern in seiner Hand ließ langsam nach.

Willi nahm den Flachmann und schlurfte ins Wohnzimmer. Dort prüfte er die Wärme der Heizung und setzte sich zufrieden in seinen Sessel. Er tastete sein Gesicht ab. Noch immer klebte an der Stirn das Pflaster, das der Doktor dort angebracht hatte. Willi spürte außerdem eine Prellung an seiner linken Hüfte, aber ansonsten hatte er den Sturz gut verkraftet. Er schaute aus dem Fenster und nahm einen weiteren Schluck Korn.

Er musste bald zum Spar-Meier aufbrechen, damit er über den Tag kam. Von halb eins bis drei Uhr war der Laden zu. Aber wenn er das Wetter da draußen so betrachtete, zog ihn rein gar nichts aus dem Haus. Willi Moretzka dachte noch mal nach. Gestern hatte er mit seinem Vorrat gut gewirtschaftet. Er hatte noch ein Bier und zwei Flachmänner, dazu einen Schluck in der Flasche in seiner Hand. Wenn er sich also ein bisschen zusammenriss, reichte es, erst am Nachmittag zum Spar-Meier zu gehen. Und eine Dose Erbsensuppe für das Mittagessen war ja auch noch da. Willi leerte die Flasche in seiner Hand.

»Raudi, wir bleiben erst mal hier«, erklärte er seinem Hund, und Raudi war einverstanden und legte sich vor die Ölheizung.

In dem Ferienhäuschen an der dänischen Nordseeküste taten Sibylle und Thomas das, was wohl jeder Bewohner im Norden an diesem Morgen tat. Sie schauten aus dem Fenster und fragten sich, wann es wohl mit diesem Sturm und dem Schnee aufhören würde.

Eigentlich hatten sie es hier gut. Das Ferienhaus war warm und lag geschützt von der Nordsee hinter drei Dünengürteln. Nur kam der Sturm jetzt aus der falschen Richtung, nicht aus Westen, sondern aus Osten, und brachte ordentlich Schnee mit.

Sibylle war unruhig. Es drängte sie nach Hause. In

Hannover waren die Temperaturen im Plusbereich, hatte sie gerade im Deutschlandfunk gehört, den man hier auf Mittelwelle noch gut empfangen konnte. Auch in Hamburg war alles bestens. Nur oben im Norden ging die Post ab, und darauf hatte Sibylle wirklich keine Lust mehr. Hier eingesperrt zu sein und gar nicht mehr aus dem Haus zu kommen, um Gottes willen.

Sie waren erst den vierten Tag hier, und Sibylle quälten bereits Fluchtgedanken. Eigentlich hatten Thomas und sie das Haus an diesem dänischen Ferienort sorgfältig gewählt. Nordsee, am Strand entlanglaufen, da kam man runter, erdete sich, konzentrierte sich auf sich selbst und den Partner. Endlich ohne Ablenkung Zeit füreinander haben und an der Beziehung arbeiten. Sie waren Anfang dreißig, seit acht Jahren ein Paar, seit fünf Jahren verheiratet, beide Lehrer am selben Gymnasium, und beide spürten, dass ihre Ehe gerade nicht rund lief. So hatten sie sich diese Art Therapieurlaub vorgenommen. Ein bisschen hatte es schon geklappt. Nach Monaten hatten sie mal wieder miteinander geschlafen und danach eng aneinander gekuschelt im Bett gelegen und sich eine Zigarette geteilt. Wie früher. Zu Hause verboten sie sich mittlerweile das Rauchen in ihrem Schlafzimmer. Aber hier in Dänemark machten sie eine Ausnahme. Es war der erste und einzige Moment, seit sie vor Weihnachten Hannover verlassen hatten, an dem Thomas und Sibylle so etwas wie Intimität, eine Verbindung miteinander spürten. Wann hatten sie das das letzte Mal in Hannover gehabt? Sibylle wusste es nicht. Lange her.

Am schlimmsten war, dass sie nicht mehr miteinander reden konnten. Sibylle wollte am liebsten nur noch schreien. Wenn sie sah, dass Thomas seinen Dostojewski aufklappte und darin förmlich versank, wollte sie schreien. Steh auf, schau mich an, red' mit mir! Red' doch mit mir. Aber sie blieb selbst stumm. Was sollte sie sagen?

»Wollen wir uns echt in Dänemark einschneien lassen?« Das sagte Sibylle jetzt, während sie beide am Fenster standen.

»Bevor wir irgendwo steckenbleiben und nicht weiterkommen – ja«, antwortete Thomas. »Genug eingekauft haben wir ja.«

Sibylle wandte den Blick vom Fenster zu ihrem Ehemann. »Die Lebensmittel können wir mitnehmen. Daran soll die Rückreise nicht scheitern.«

»Wir haben bis zum zweiten Januar gebucht, schon vergessen?«

»Nein, aber wir hatten auch keinen Schneesturm gebucht.«

»So was kann im Winter passieren«, meinte Thomas leicht genervt. »Ich verstehe nicht, warum wir nicht hierbleiben sollten. Hier drinnen ist es warm, wir haben genügend Bücher dabei und sogar deutsches Fernsehen. Alles da.«

»Bücher und Fernsehen, das ist natürlich das Wichtigste«, ätzte Sibylle. »Dann ist ja alles bestens.«

»Ja, ist es. Oder nicht? Mann, was ist los?«

Sibylle schaute wieder aus dem Fenster. »Ich möchte nach Hause.«

»Warum?«, fragte Thomas entgeistert.

»Ich will mich nicht einschneien lassen. Und in Hannover sind zehn Grad plus.«

»Sibylle, es ist auch nicht ganz ungefährlich, jetzt mit dem Auto loszufahren.«

»Eben. Je schneller wir losfahren, desto besser. Jetzt ist es ja hell.«

»Du spinnst ja total.«

»Wir haben ein solides Auto mit guten Winterreifen. Es wird schon gehen.« Sibylle drehte sich um. »Ich geh packen.«

Sie verschwand im Schlafzimmer. Thomas lief ihr nach. Sie zerrte den Koffer vom Schrank herunter und warf ihn aufs Bett.

»Sibylle, es ist totaler Quatsch, jetzt loszufahren. Du hast doch gehört, was in Schleswig-Holstein los ist.«

»Ja, aber es ist nicht überall gleich schlimm«, entgegnete Sibylle, während sie ihre Sachen aus dem Schrank holte. »Wir müssen ja nicht durch Angeln fahren. Auf der Autobahn wird es schon gehen.«

Thomas verdrehte die Augen. »Warum bleiben wir nicht hier? Es besteht wirklich kein Grund zur Eile.«

»Weil es mich langweilt, Thomas, ganz einfach. Was machen wir zwei denn schon zusammen? Jetzt verlassen wir das Haus nicht mal mehr vor lauter Kälte. Ich habe keine Lust auf Schnee. Was bleibt uns jetzt die ganze Zeit zu tun?«

»Das Gleiche wie vorher«, erwiderte Thomas. »Es war doch gut.«

»Gut? Das Gleiche wie vorher? Also, ich will nicht mehr.« In Windeseile legte Sibylle ihre Kleidungsstücke in den Koffer. »Jetzt pack du dein Zeug, ich räume in der Küche zusammen.«

Keine halbe Stunde später hatten sie alles in ihrem Kombi verstaut. Die Lebensmittel, die sie eingekauft hatten, hätten noch bis zum regulären Ende ihres Urlaubs gereicht. Milch, Joghurt, Käse, Aufschnitt, Saft, Wein und Sekt, Obst, Gemüse, Cornflakes, Brot, Dosensuppen – zwei volle Kisten standen neben den zwei Koffern; ihr Bettzeug, das sie genauso wie ihre Handtücher aus Hannover mitgenommen hatten, um den Extrapreis dafür zu vermeiden, landete auf der Rückbank. Sogar an eine volle Thermoskanne mit heißem Tee hatte Sibylle gedacht. Sie schlug die Beifahrertür zu, Thomas startete den Wagen, und Sibylle war einfach nur froh, dass es nach Hause ging. Sie überlegte, mit welcher Freundin sie sich am Abend treffen könnte, um ihren Frust loszuwerden, während Thomas langsam über den Weg der Ferienhaussiedlung fuhr. Er bog rechts auf die frisch geräumte Straße ab und entspannte sich ein bisschen, wenngleich der Wind unvermindert gegen den Wagen drückte.

Sibylle legte ihre behandschuhte linke Hand auf seinen rechten Oberschenkel und lächelte ihren Mann an: »Danke.«

Im Krog richtete Bärbel am Morgen zusammen mit Friedchen und Lene das Frühstück für alle Mitarbeiter und die zehn Übernachtungsgäste. Beide Küchenfrauen beteuerten fröhlich, wie gut sie zu zweit auf dem Ausziehsofa geschlafen hatten. Der Kachelofen im Gastraum spendete wohlige Wärme, und Bärbel gähnte. Sie war müde, hatte viel zu kurz und schlecht geschlafen, weil der Sturm so heftig am Haus gerüttelt hatte und sie sowieso nach einem solchen Fest nicht einfach ihre Gedanken herunterfahren und einschlafen konnte. Beim Blick auf den Schneesturm vor dem Fenster fragte sie sich, wie die Hinrichsens bei dem Wetter heute ihre Hochzeit feiern wollten. Sie hatte kein gutes Gefühl.

Ab halb zehn trudelten nach und nach die Übernachtungsgäste im Gastraum ein. Fröstelnd rieben sie sich die Hände und freuten sich, am Tisch direkt neben dem warmen Kachelofen Platz nehmen zu dürfen.

Heute Nachmittag um vierzehn Uhr sollte die kirchliche Trauung der Hinrichsens in der Kirche zu Söreby stattfinden, danach Kaffee und Kuchen im Krog, was fließend ins erlesene Abendessen übergehen sollte. Nun debattierte die Verwandtschaft der Braut, wie sie überhaupt die vier Kilometer entfernte Kirche erreichen konnte.

»Wir können doch nicht die Hochzeit unserer einzigen Tochter verpassen«, meinte die Brautmutter Elfriede Ratke besorgt.

Bärbel sagte besser nichts. Irgendeine Lösung würde sich schon finden. Das Telefon hinter dem Tresen klingelte, sie lief hin und hob ab.

»Hallo, hier ist Heinke, Mannes Freundin. Ist Manne bei Ihnen aufgetaucht?« Ihre Stimme klang besorgt und so, als hätte sie geweint.

»Nein, hier war er nicht, den ganzen Abend nicht«,

antwortete Bärbel. »Ich dachte, er sei sicher zu Ihnen zurückgekehrt. Wir haben uns erlaubt, seine Musikanlage zu benutzen. Ich hoffe, da hat er nichts dagegen.«

»Er ist nicht zurückgekommen, und angerufen hat er auch nicht. Ich habe schon alle Freunde abtelefoniert. Keiner hat ihn gesehen oder von ihm gehört. Das ist überhaupt nicht Mannes Art, nicht Bescheid zu geben. Ich mache mir wirklich Sorgen.«

Das tat Bärbel jetzt auch. Aber sie versuchte, ruhig zu bleiben und sich gegenüber seiner Freundin nichts anmerken zu lassen.

»Wahrscheinlich ist er stecken geblieben. Selbst die Bundesstraße ist ja unpassierbar, habe ich gehört«, erklärte sie. »Der wird schon bald wieder auftauchen, Sie werden sehen.«

»Meinen Sie?«, fragte Heinke zweifelnd.

»Ganz bestimmt.«

»Ich glaub, ich ruf die Polizei an. Irgendwas stimmt hier nicht.«

»Ja, machen Sie das. Lieber einmal zu viel anrufen als zu wenig. Aber ich bin mir sicher, dass Manne nichts passiert ist. Der kennt sich hier so gut aus. Warum sollte er verlorengehen? Vielleicht ist er irgendwo untergekommen, wo es kein Telefon gibt«, machte Bärbel der Freundin Mut.

»Ja, vielleicht.« Heinke machte eine lange Pause. »Ich rufe trotzdem die Polizei an. Im Radio sagen sie ja, dass viele noch in ihren Autos festsitzen.«

»Genau, so wird es wohl sein. Sagen Sie Manne, er soll sich bei mir melden, sobald er auftaucht, ja?«

Kaum hatte Bärbel aufgelegt, klingelte es wieder. Diesmal war es der Bräutigam.

»Moin, Bärbel, du kannst unserer Verwandtschaft sagen, dass die Trauung heute nicht stattfinden wird. Der Pfarrer, der ein Freund von uns ist, kommt nicht durch. Er hat abgesagt. Wir bleiben hier.«

»Ja, und das Essen am Abend? Und all der Kuchen?«, wollte Bärbel wissen.

»Wir werden natürlich versuchen zu kommen, damit wir noch feiern können. Wenn sich die Lage ändert, wird das möglich sein. Ich glaube auch nicht, dass noch viele von den Gästen kommen werden, die heute erst noch anreisen wollen. Die Trauung müssen wir auf jeden Fall verschieben.«

»Sag das deiner Verwandtschaft besser selbst.« Die Wirtin reichte den Hörer an die Brautmutter weiter, die schon erwartungsvoll neben ihr stand. Nachdem Elfriede Ratke den Hörer aufgelegt hatte, blieb sie fassungslos stehen.

»Keine Hochzeit, Frau Beeck«, sagte sie. »Können Sie sich das vorstellen? Das ist doch ein Wahnsinn. Die Hochzeit kann doch nicht einfach ausfallen.«

Plötzlich wurde es dunkel im Gastraum.

»Stromausfall«, rief einer der Gäste.

Auch das noch, dachte Bärbel. Schnell holte sie aus der Schublade weitere Kerzen, um im Zwielicht des Gastraums für etwas Helligkeit am Tisch zu sorgen. Danach ging sie in die Küche. Die Beecks hatten Glück, dass sie bis auf die Backöfen ausschließlich auf Gas kochten, und Klaus Beeck war gerade dabei, ein paar Petroleumlampen aufzustellen, um sein Arbeitsumfeld besser auszuleuchten.

»Das kann ja heiter werden«, meinte er zu seiner Frau. »Jetzt ist noch der Strom weg, und die Öfen gehen nicht. Menüänderung heißt das, wenn es nicht bald wieder läuft.«

»Wir sollten uns eher darauf einstellen, dass es überhaupt keine Hochzeitsfeier mehr gibt. Der Pfarrer hat die Trauung schon abgesagt. Kann nicht kommen. Also, ich sehe da schwarz.«

»So ein Mist. Was machen wir?«, fragte Klaus.

Bärbel überlegte eine Weile. »Rehragout statt Rehrücken?«

»Bist du verrückt? Das gute Fleisch!« Klaus war empört.

»Dann sind wir vorbereitet, was immer auch passiert«, erwiderte Bärbel. »Auf jeden Fall haben wir ja die zehn Hochzeitsgäste im Haus. Das Ragout können wir zur Not einfrieren. Denk mal drüber nach. Wir müssen flexibel sein.«

»Apropos einfrieren«, warf Klaus ein. »Wenn der Stromausfall noch ein bisschen andauert, müssen wir die Truhen ausräumen.«

»Mach ich dann mit den Kindern«, antwortete Bärbel. »Draußen ist es ja kalt genug.«

Als auf der Bundesstraße der Morgen graute, wurde den Eingeschlossenen der Ernst ihrer Lage richtig bewusst. Der Bus war eingebettet in ein Meer aus Weiß, dessen Wellen beständig vom Wind höher aufgetürmt wurden. Es gab einige konzertierte Pinkelpausen für die Damen und die Herren, deren Ungemütlichkeit lautstark kommentiert wurde. Zwischendurch wurde lauthals gesungen, um den Mut hochzuhalten. Eine Weile wurde der Unsicherheit auch mit Witzen begegnet. Doch mittlerweile herrschte neben Hunger und Durst eher die Sorge vor, wann alle Passagiere auf welche Art und Weise aus ihrem unfreiwilligen Gefängnis geborgen werden konnten. Ob man sie überhaupt finden würde.

»Unsere Nachbarn passen auf unsere Kinder auf«, sagte eine Frau in der Mitte des Busses verzweifelt. »Die fragen sich alle bestimmt längst, wo wir bleiben.«

»Wir werden bestimmt schon gesucht«, entgegnete Jörn Thiesen optimistisch. »So viele von uns sind nicht zum Dienst erschienen, das fällt doch auf.«

»Und jeder weiß, wo wir gestern Abend waren«, ergänzte Rolf Schaupe.

»Das Krankenhaus wird sicher der Bundeswehr Bescheid sagen«, glaubte auch Ernst Jachmann. »Die kommen mit Panzern und holen uns hier raus.«

»Ihr Wort in Gottes Ohr, Herr Doktor.« Ellen wusste nicht, ob sie lachen oder weinen sollte. »Ich sollte bald wieder im Krog sein, ich werd' noch verrückt.«

»Reg dich nicht auf, Mutti«, versuchte Claudia zu beruhigen. »Wenn wir nicht in den Krog kommen, schaffen es andere vermutlich auch nicht.«

»Es sieht auf jeden Fall nicht so aus, als würde es aufhören zu stürmen«, meinte Ursel Schaupe. »Das kann also noch ewig gehen.«

Kirsten Jachmann beteiligte sich nicht an der Diskussion. Sie hatte das Gefühl, dass ihre Zunge immer trockener wurde. Hunger und Durst plagten sie. Eigentlich erstaunlich, wenn sie daran dachte, wie viel sie erst gestern Abend – es schien schon lange her zu sein – vom Buffet genommen hatte. Wohlig dachte sie an die Gulaschsuppe zurück. Eine warme Suppe, das wäre es jetzt. Oder ein Heißgetränk, egal welches.

Kirsten wischte mit der Hand die Feuchtigkeit vom Busfenster und schaute entmutigt ins stürmische Weiß. Ihr ganzer Körper tat ihr vom langen Sitzen weh. Ihre Füße waren Eisklumpen. Wie spät war es? Wie viele Stunden saßen sie jetzt überhaupt schon fest? Kirsten könnte auf ihre Armbanduhr schauen, aber es interessierte sie nicht. Sie wollte es lieber nicht wissen, wie lange sie hier schon gefangen waren. Sie war froh genug, dass sie bis jetzt nicht noch mal nach draußen zum Pinkeln musste. Wie auch, wenn es nichts zu trinken gab. Diesbezüglich ein Segen.

Kalle Möller stellte schließlich das Radio an und drehte die Lautstärke hoch. Es piepte dreimal kurz und einmal lang, und der Nachrichtensprecher verkündete die Uhrzeit: elf Uhr. Ausführlich ging es um den Schneesturm im Norden Schleswig-Holsteins, und den Eingeschlossenen schwante, dass es mit der Hilfe noch dauern könnte. Offensichtlich gab es vielerorts kaum ein Durchkommen, selbst auf der Autobahn waren die Fahrzeuge stecken geblieben, und deren Insassen benötigten Hilfe. Die Wettervorhersage prophezeite noch weitere Tage dieser Lage, der Norden Deutschlands war gefangen zwischen einem Hoch aus dem Südwesten und einem Tief aus dem Nordosten, eiskalte Luftmassen schoben sich über wärmere, ein selten vorkommendes Phänomen. Der Schneesturm würde noch andauern. Ab sofort galt im Landkreis Schleswig-Flensburg ein Fahrverbot.

Durch den Bus ging ein Raunen, und die Diskussion, wie man aus dieser misslichen Lage herauskommen könnte, begann von Neuem.

Während Hans in seiner Praxis an diesem Morgen auf Patienten wartete, nutzte er die Zeit, um die anstehende Quartalsabrechnung vorzubereiten und Berichte zu diktieren. So viel Ruhe für den ganzen Bürokram hatte er selten. Kein einziger Patient war bis jetzt gekommen, und mit jedem Blick aus dem Fenster wurde Hans klarer, dass auch keiner mehr zu erwarten war. Nach elf Uhr wurde Hans' Schreibtischlampe plötzlich dunkel. Er fasste an die heiße Glühbirne und stand schließlich auf, um den Lichtschalter neben der Tür zu betätigen. Das Hauptlicht ging auch nicht an. Hans seufzte und nahm den Stromausfall zum Anlass, zurück zu seiner Familie zu gehen. Vorher überprüfte er in der Kammer, ob die Notbatterie für die hochmoderne Telefonanlage eingeschaltet war. Der entsprechende Knopf leuchtete, Hans stellte die Leitung auf das Wohnhaus um und sah zu, dass er durch Schnee und Wind dorthin kam.

Im Flur empfing ihn Rena. »So, jetzt wird es hier richtig gemütlich«, meinte sie ironisch. »Aber das Telefon geht noch.«

»Ja, noch«, meinte Hans. »Die Notbatterie ist angesprungen. Der Stromausfall wird ja hoffentlich nicht ewig dauern. Ich hole Holz und mache Feuer, damit es nicht allzu kalt wird.«

Sein Schwiegervater und Oliver halfen ihm, Holzscheite, die draußen entlang der Schuppenwand aufgestapelt waren, hereinzuholen.

»So viel wie möglich«, meinte Hans, »wir wollen ja nicht ständig wieder rausgehen.«

Am besten ließ sich die Terrassentür auf der Südseite öffnen. Da sie überdacht war, hatte der Sturm den Schnee an der Stelle nicht bis ans Haus aufgetürmt. Hans schaute auf das dort angebrachte Thermometer: zehn Grad minus. Dazu dieser scharfe Wind, einfach nur ungemütlich.

Schnell knisterte das Feuer im Kamin, und alle versammelten sich im Wohnzimmer. Rena zündete die Kerzen am Weihnachtsbaum an.

»Können wir irgendwann raus in den Schnee, und ich kann mit meinem Schlitten fahren?«, wollte Tobi wissen.

»Ganz bestimmt kannst du das bald. Es schneit dermaßen viel, das kann so schnell gar nicht wegtauen. Aber bei dem Sturm bleibt ihr besser im Haus. Nach draußen geht es noch früh genug.«

»Spielen wir was?«, fragte Tobi.

»Monopoly«, schlug Oliver vor.

»Au ja.« Mascha war sofort dabei.

Die drei Kinder überredeten ihre Großeltern, mitzuspielen, und Lisbeth und Hermann setzten sich bereitwillig mit an den Esstisch.

Eigentlich schön, dachte Rena, während sie ihren Kindern und Eltern beim Spielen zusah. Die Würfel klapperten auf dem Brett, das Feuer spendete Wärme und flackerndes Licht; im Wohnzimmer machte sich eine entspannte Stimmung breit, während draußen das Schneetreiben anhielt. Rena griff nach ihrem Buch und machte es sich auf dem Sofa bequem.

Hans hingegen wirkte nervös. Als das Telefon klingelte, war er mit einem Satz daneben und riss den Hörer schier von der Gabel.

»Praxis Doktor Fink, guten Tag.« Er nahm den ganzen Apparat, der eine lange Schnur hatte, und verschwand damit im Arbeitszimmer. Nach einer Weile kehrte er zurück. Rena sah ihn fragend an.

»Kein Problem, das ließ sich telefonisch klären.« Hans atmete tief durch. »Gott sei Dank geht wenigstens das Telefon noch. Im Arbeitszimmer ist es schon richtig kalt.«

»Ich hab die Schlossallee«, brüllte Tobi dazwischen, begleitet vom Aufschrei seiner Geschwister.

Hermann drehte sich zu Rena und Hans um.

»Denkt ihr dran, das Wasser aus der Heizung zu lassen, wenn der Stromausfall länger dauert? Ich wäre mir nicht so sicher, dass der Strom bald wiederkommt, und wenn es so kalt bleibt, platzen vielleicht die Rohre.«

»Guter Tipp, Papa«, antwortete Rena. »Aber das gilt ja auch für euer Haus. Wer lässt da das Wasser raus?«

Hermann zuckte mit den Schultern. »Tja, Pech gehabt. Da können wir jetzt nichts machen. Risiko. Aber ich helfe euch gern.«

Er stand auf und war froh, eine Ausrede zu haben, um dem Monopoly-Spiel zu entkommen. Das war einfach nicht sein Spiel.

Gemeinsam öffneten sie die Ventile und ließen aus jeder Heizung das Wasser heraus in eine Schüssel tropfen. Gleichzeitig folgte Rena einem Impuls und ließ die Badewanne mit Wasser volllaufen. Man wusste ja nie, ob nicht auch noch die Wasserrohre zufrieren würden. Danach sammelte sie sämtliche Batterien ein, die in verschiedenen Schubladen überall im Haus verstreut aufbewahrt wurden. In der großen Schublade im Wohnzimmerschrank überprüfte sie den Kerzenvorrat und war zufrieden, dass sie beim letzten Ausflug nach Dänemark in ihrem Lieblingsladen derart viele gekauft hatte. Hans hatte sie noch geneckt, dass das übertrieben wäre. Jetzt konnten sie froh sein – an Kerzen mussten sie erst mal nicht sparen.

Bis zur deutschen Grenze waren Thomas und Sibylle verhältnismäßig gut durchgekommen. Jetzt standen sie am dänischen Grenzposten, und ein freundlich dreinblickender Däne, der offensichtlich sehr fror, beugte sie hinunter ans Fenster an der Fahrerseite.

»Wollen Sie wirklich da rüber?«, fragte er im akzentfreien Deutsch.

»Auf jeden Fall«, antwortete Sibylle. »Wenn nicht jetzt, wann dann noch?«

»Also, dann fahren Sie, aber passen Sie auf. Die Autobahn ist quasi unpassierbar. Wir machen jetzt die Grenze zu. Hier kommt keiner mehr rein.«

»Danke, auf Wiedersehen.«

Thomas rollte langsam zum deutschen Grenzposten. Niemand war zu sehen, und sie fuhren einfach weiter.

»Wenn die Autobahn dicht ist, müssen wir anders fahren«, sagte Sibylle. »Am besten über die Bundesstraße durch Nordfriesland, die wird ja wohl noch funktionieren.«

»Ja, wahrscheinlich ist das die beste Lösung«, antwortete Thomas. »Hoffen wir mal, dass es funktioniert. Du hörst doch im Radio, was los ist. Ich glaube, es war keine gute Idee, das Ferienhaus zu verlassen.«

»Jetzt fang nicht wieder damit an«, entgegnete Sibylle scharf.

Schon nach kurzer Zeit hatten beide den Eindruck, dass die dänischen Straßen in einem besseren Zustand gewesen waren als die deutschen. Nur noch mühselig ging es voran. Der Schnee peitschte gegen den Wagen, und es gab überhaupt keine Sicht. Thomas hatte das Gefühl, im Blindflug unterwegs zu sein.

Kein einziges Fahrzeug kam ihnen entgegen. Nachdem sie über zwei Stunden später Niebüll passiert hatten und die Straße südöstlich führte, endete ihre Reise in einer riesigen Schneewehe, die über die gesamte Breite der Straße ging. Der Kombi fuhr sich fest, Thomas schaltete den Rückwärtsgang ein, die Räder drehten durch, und irgendwann drehten sie überhaupt nicht mehr.

»Wir stecken fest«, erklärte Thomas.

»Und jetzt?«, fragte Sibylle eher verärgert als besorgt. »Das darf doch wohl echt nicht wahr sein, verdammt!«

»Warten.«

»Warum schaufeln wir uns nicht frei?«, wollte Sibylle wissen.

»Wir haben keine Schaufel.« Thomas spürte, dass seine Geduld mit seiner Frau nachließ.

»Dann machen wir es mit den Händen. Wir haben Handschuhe.«

»Sibylle, jetzt schau endlich mal auf den Schnee!«, entgegnete Thomas sauer. »Kapierst du das nicht? Diese Schneewehe nimmt die ganze Straße ein. Erkennst du das? Dahinter kommt bestimmt die nächste Wehe. Wir können vor lauter Schneetreiben gar nichts sehen. Ich hätte da überhaupt nicht reinfahren dürfen. Wir können nichts tun außer hoffen, dass uns hier jemand findet und rauszieht.«

»Und jetzt sollen wir hier sitzenbleiben, oder was?«

»Ja, was anderes bleibt uns wohl nicht übrig. Herrgott«, Thomas schlug mit seinem rechten Handballen wütend gegen das Lenkrad, »wären wir doch bloß in Dänemark geblieben. Ich wusste es, dass es totaler Wahnsinn ist. Aber du musstest dich ja unbedingt durchsetzen. So wie du dich immer durchsetzen musst. Und ich Idiot trottel' hinterher.«

Sibylle funkelte ihren Mann an. »Wenn du es so genau wusstest, hättest du ja mehr dafür tun können, dass wir bleiben. Du wolltest doch auch weg.«

»Wenn du meinst.« Thomas drehte sich leicht zur linken Seite und atmete tief durch. Dann zog er am Türgriff. »Ich geh mal kurz in den Schnee.«

Mit Kraft drückte er sich gegen die Autotür, auf der genau der Wind stand, und stieg aus. Er drehte dem scharfen Wind augenblicklich den Rücken zu und blickte durchs Seitenfenster auf seine Frau. Noch größere Wut überkam ihn, dass sie darauf bestanden hatte, aufzubrechen. Wie hatte er sich darauf einlassen können? In ihrem Haus in Dänemark mit bollig-warmem Holzofen waren sie in Sicherheit gewesen, selbst wenn dort auch der Sturm tobte und alles zusammenbrach. Und jetzt?

»Scheiße«, brüllte er. »Scheiße!«

Mit dem linken Fuß kickte er gegen die Schneewehe, in der das Auto feststeckte. Ein wenig Schnee stob hoch und mischte sich in die dichten Flocken, und es dauerte nur einen kurzen Moment, bis das von Thomas produzierte Loch nicht mehr zu sehen war. Die Kälte und der schneidende Wind halfen Thomas, sich zu beruhigen. Er stieg wieder ein.

»Verdammter Schneesturm«, grummelte er.

Sibylle war mittlerweile kleinlaut geworden. »Tut mir leid«, sagte sie.

»Schon gut. Jetzt müssen wir gucken, dass wir die Zeit gut überbrücken, bis uns hier jemand rauszieht, bevor wir erfrieren.«

»Und wenn wir zu Fuß weitergehen? Bis zum nächsten Haus?«, schlug sie vor.

Thomas schüttelte gereizt den Kopf. »Du bist wohl verrückt? Wir wissen ja nicht mal, wo das nächste Haus überhaupt steht. Ist ja nicht gerade städtisch hier. Und wir sehen nichts, rein gar nichts. Ich habe jedenfalls kein Haus gesehen. Oder ist dir auf den letzten Kilometern eines aufgefallen? Der Schnee ist zu hoch. Keine

Ahnung, wie wir das machen sollten. Nachher verirren wir uns.«

»Also warten?«, fragte Sibylle.

»Ja, warten.« Thomas drückte entnervt auf die Hupe, die einen langen Ton von sich gab. »Vielleicht hört uns ja einer.« Er drückte noch mal.

Im Bus war es wieder still geworden. Jeder hing seinen eigenen Gedanken nach und versuchte, Kräfte zu sparen. Bloß keine Bewegung. Nicht an Essen und Trinken denken. Die Standheizung lief, sodass sich die Bordtemperatur in passablen Bereichen bewegte. Aber immer, wenn Kalle Möller die Bustür öffnete, um die hohe Feuchtigkeit aus dem Inneren entweichen zu lassen, wehte ein eiskalter Wind hinein. Und irgendeiner fand sich immer, der doch noch mal austreten musste.

Claudia hatte mit ihrem Ärmel wieder die Scheibe freigewischt und schaute in den Schneesturm. Das sich nicht ändern wollende Weiß, die Flocken, die nicht tanzten, sondern eher wie Geschosse wirkten – Claudia hatte den Eindruck, dass das Wetter sich noch weiter verschlechtert, der Sturm eher noch zugenommen hatte. Doch jetzt änderte sich etwas. Sie konnte Schemen erkennen. Claudia kniff die Augen zusammen. Menschen!

»Da kommen welche«, rief sie aus.

Alle Passagiere auf ihrer Seite schauten wie auf Kommando aus den Fenstern, diejenigen auf der anderen Seite standen gleichzeitig auf, um ebenfalls zu überprüfen, ob das wahr sein konnte.

»Ja, da sind Leute!«, rief Ursel Schaupe. »Die holen uns hier raus.«

Sofort fingen alle an, aufgeregt durcheinanderzureden. Kalle Möller öffnete die Tür und stieg selbst aus.

Wenig später kehrte er zurück, und hinter ihm tauchte der Bröderuper Wehrführer mit drei weiteren Männern auf.

»Moin«, begrüßte Heinz Schröder die Businsassen. »Sie werden vermisst. Alles klar bei Ihnen?«

Alle lachten und wollten am liebsten sofort aussteigen. Doch der Wehrführer bremste.

»So schnell geht das nicht. Wir müssen erst mal überlegen, wie wir Sie alle hier heil wegbekommen. Eigentlich sollten Panzer unterwegs sein und nach Ihnen Ausschau halten, aber die haben auf der Autobahn genug zu tun. Wir müssen es also anders lösen.« Sein Blick fiel auf Kirsten Jachmann und Ursel Schaupe in den vorderen Reihen. »So richtig winterfest sind Sie ja auch nicht angezogen.«

»Kann man wohl sagen«, erwiderte Kirsten.

Heinz Schröder griff nach seinem Funkgerät und sprach hinein. »Wir haben sie. Alle wohlauf. Circa fünfzig Personen, nicht winterfest gekleidet, alle ohne Verpflegung. Wir brauchen zur Erstversorgung Heißgetränke und was zu essen. Und Stiefel und Decken und Kleidung für die Festgäste. Besorgt ihr das?«

Die Businsassen klatschten begeistert.

»Könnt ihr uns nach Dellropp bringen?«, fragte Ellen. »Das ist doch nicht weit.«

»Das ist vielleicht möglich, aber wird eher schwierig«, dämpfte Schröder ihre Hoffnung, als Erste aus den Bus zu kommen. »Wir werden alle zusammen zu Fuß zurück nach Bröderup gehen. Vielleicht kann euch jemand später mit dem Trecker nach Dellropp bringen, aber versprechen tu ich nix. Zur Not gehst du zu deiner Schwester in den Krog.«

Die Nachricht beruhigte Ellen bereits, und sie lehnte sich zufrieden zurück. Bei allen anderen hob sich die Stimmung wieder, nachdem ein Ende nah zu sein schien. Plötzlich wurde wieder aufgeregt geredet.

»Die werden sich freuen, wenn wir endlich ins Krankenhaus kommen«, lachte die Ärztin von der Inneren. »Da gibt es was zu erzählen.«

»Zum Spätdienst reicht es vielleicht gerade noch«, sagte Rolf Schaupe. »Da wäre ich dran.«

»Das glaubst du doch selber nicht, dass wir rechtzeitig zum Dienst wieder in Flensburg sind«, entgegnete seine Frau. »Ich bin allein schon froh, wenn ich irgendwohin ins Warme komme.«

»Und ein Klo wäre nicht schlecht«, ergänzte Kirsten Jachmann. Sie wollte einfach nur zurück in die Zivilisation.

»Ich glaube, Sie machen sich bei diesem Sturm falsche Vorstellungen«, unterbrach Heinz Schröder das Gespräch. »Wir sind froh, wenn wir Sie alle nach Bröderup bekommen. Es geht nicht weiter, die Straßen sind unpassierbar. Wenn die Bundeswehr Sie nicht abholt, dann müssen wir Sie alle bei uns unterbringen. Aber keine Sorge, das kriegen wir schon hin.«

Heinz Schröder und seine Kameraden hielten Wort. Anderthalb Stunden später tauchte ein großer Trecker im Schneesturm auf, der heißen Tee, Brötchen, Wurst und Käse brachte. Hungrig griffen die Eingeschlossenen zu.

Mit etwas Essen und Trinken im Magen waren jetzt alle richtig aufgedreht, die Gespräche nahmen Fahrt auf. Schließlich kam ein weiterer Trecker und brachte die nötigen Schuhe und Jacken, Mützen und Handschuhe. Es dauerte eine Weile, bis jeder versorgt war und der Zug loslaufen konnte.

Nachdem der Strom ausgefallen war, verloren sie auf dem Truelsenhof nicht den Mut. Michaela zündete Kerzen an, und Carsten und Arne kuschelten sich auf dem Sofa in Decken. Noch war es warm und die Stimmung aufgekratzt. So einen Schneesturm hatte es schließlich noch nie gegeben.

Doch schon bald sank die Temperatur im Haus, und Truelsens hatten dagegen keine Handhabe. Denn mit der Modernisierung ihrer Ställe ging nach der Hochzeit von Achim und Michaela auch die Modernisierung des Hauses einher. Die alten Öfen flogen raus, die Zentralheizung hielt Einzug. Einen Haufen Geld hatte sie gekostet damals. Jetzt, ohne Strom, war sie nutzlos.

Achim Truelsen stand schließlich in seinem Schweinestall und hatte ein weiteres großes Problem. Dass die Futteranlage ohne Strom den Tieren das Kraftfutter nicht auslieferte, war noch das Geringste. Das konnte er leicht noch selbst machen. Aber für die nicht mehr funktionierende Wasserzufuhr aus der Grundwasserpumpe in Kuh- und Schweinestall musste er eine Lösung finden.

Und am schlimmsten wirkte sich der fehlende Strom in der Ferkelecke aus: Das wärmende Rotlicht für die vierundzwanzig frisch geborenen Tiere durfte nicht mehr lange fehlen. Wenn es den Ferkeln zu kalt wurde, dann würden sie es nicht schaffen. Achim schaute besorgt in die Boxen mit den kleinen Schweinen. Noch ging es ihnen gut, doch die Temperatur im Stall war schon ordentlich gefallen.

Otto trat an ihn heran.

»Wir müssen die Abteilungen abdichten«, sagte er bestimmt. »Mit Strohballen isolieren. Wir müssen gucken, dass es nicht zu kalt wird. Auch die Ritzen in den Fenstern zustopfen.«

»Vielleicht kommt der Strom ja bald wieder«, meinte Achim etwas mutlos.

»Glaubst du doch selber nicht«, entgegnete sein Vater. »Wie sollen die Monteure denn bei dem Wetter an die Strommasten kommen? Ich glaub's nicht. Stell dich drauf ein, dass das noch schwierig wird. Deshalb lass uns anfangen.«

»Kannst du denn überhaupt mit deiner Verletzung?«

»Höör up mit de Quatsch, laat uns anfangen. Es wird bald dunkel, und wir müssen uns noch um die Kühe kümmern. Die wollen gemolken werden.«

»Wie sollen wir das machen? Mit den Händen? Fünfzig Kühe, du und ich, vielleicht noch Mudder?«

»Die konnte früher auf jeden Fall sehr gut mit den Händen melken.« Otto schüttelte den Kopf. Diese ganze Modernisierung war ja schön und gut, aber jetzt waren sie gelackmeiert. »So, jetzt isolieren wir die Schweineboxen, und dann kümmern wir uns um die Kühe. Los geht's.«

Wie lange dauerte es, sich zwei Kilometer bis Bröderup durch einen Schneesturm zu quälen? Kirsten Jachmann hatte Angst, dass sie niemals ankommen würden. Sie hatte ein Paar Winterstiefel in die Hand gedrückt bekommen, das anfangs gut passte, mittlerweile jedoch an ihren kleinen Zehen scheuerte. Selbst durch die Kälte in ihren Füßen spürte sie, dass es auf beiden Seiten große Blasen geben würde. Doch sie war wie alle anderen froh, dem Bus entkommen zu sein, und stapfte motiviert durch den hoch aufgetürmten Schnee. Ihr Mann hielt ihre Hand fest, die in einem warmen Fellhandschuh einer freundlichen Spenderin steckte. Unter ihrem Kleid trug sie eine Jeans, die mit einem Seil am Bund zusammengebunden war, weil sie Kirsten viel zu weit war. Um ihre Schultern hatte sie eine Decke gelegt bekommen, auf dem Kopf saß eine fremde Mütze. Der Wind peitschte die Flocken wie Nadelstiche ins Gesicht, sodass alle die Köpfe gesenkt hielten. Es war unglaublich anstrengend.

Die ältesten Buspassagiere hatten mit auf die zwei Trecker steigen dürfen, und Kirsten hätte wie jeder andere auch etwas darum gegeben, dazuzugehören. Aber in der Gruppe zog jeder den anderen jetzt mit, und die Aussicht, bald ins Warme in Sicherheit zu gelangen, beflügelte alle.

Als der Tross schließlich das Gemeindehaus von Bröderup erreichte, wurden sie freundlich empfangen. Mit einem Notstromaggregat sorgten die Bröderuper für Licht und Wärme, Frauen drückten den Ankömmlingen trockene Hausschuhe und heißen Tee in die Hand. Kirsten wollte am liebsten weinen. Sie trank ihren Tee aus und suchte erst einmal die Toilette auf. Vierzehn Stunden Anspannung mussten sich den Weg aus ihrem Körper bahnen.

Als sie nach einer Weile vom Klo zurückkehrte, war bereits die Verteilungsdiskussion im vollen Gange. Statt nach Flensburg heimzukehren, wurden alle Gestrandeten auf die Bröderuper Gemeindemitglieder aufgeteilt. Jeder, den der Pastor gefragt hatte, hatte sich bereit erklärt, Personen aus dem Bus aufzunehmen. Kirsten gesellte sich zu Ellen, die ihr während der langen Nacht eine so große Stütze gewesen war.

»Kommen Sie doch mit uns in den Krog«, sagte Ellen zu ihr.

»Was meinen Sie?«, fragte Kirsten irritiert.

»Meine Schwester hat sich offensichtlich bereit erklärt, nicht nur meine Tochter und mich aufzunehmen, sondern noch vier Personen mehr. Die Hochzeit fällt nämlich aus. Warum nicht Sie und die Schaupes? Wo wir doch schon die ganze Nacht miteinander verbracht haben.«

Die Vorstellung, zurück in den Krog zu kehren, gefiel Kirsten. Dort war es sicher warm und die Verpflegung im Gasthaus bestimmt gewährleistet. Außerdem lag der Krog nicht weit vom Gemeindehaus entfernt, es drohte also kein weiterer langer Marsch durch das Schneetreiben. »Sehr gerne, wenn das organisatorisch möglich ist. Was meinst du, Ernst?«

»Mir ist das egal«, antwortete ihr Mann. »Hauptsache, wir bekommen irgendwo eine Matratze, auf der wir schlafen können.« Er gähnte herzhaft.

»Also dann«, meinte Ellen und ging direkt zu Heinz Schröder, der auch für die Verteilung auf die einzelnen Haushalte die Verantwortung übernommen hatte. Nur wenig später setzten sie sich in Bewegung. Heinz Schröder persönlich brachte sie an ihr Ziel.

Am Nachmittag saß Willi Moretzka in seinem Sessel und hielt die Flasche Bier, die sich in seinem Küchenschrank befunden hatte, in seiner linken Hand. Im Wohnzimmer war es dämmrig. Es zog durch die Fenster, doch die alte Ölheizung tat ihren Dienst, nachdem Willi im Heizungsraum Öl in eine Kanne abgelassen und die Heizkörper direkt befüllt hatte. Es war ausreichend warm im Raum, und Raudi hatte seinen Platz nur kurz verlassen, um mit einem kleinen Ball zu spielen, den Willi ihm immer wieder zuwarf.

Drei Uhr war vorbei. Der Spar-Meier hatte jetzt sicher seinen Laden nach der Mittagspause wieder aufgeschlossen, Wetter hin oder her. Es wurde Zeit, dass Willi Moretzka sich auf den Weg machte. Er musste Brot kaufen. Margarine. Käse. Ein paar Dosengerichte. Batterien. Und vor allem musste er Schnaps besorgen, denn in seinem Schrank stand nur noch ein einziger Flachmann.

So wenig wie heute hatte Willi schon lange nicht mehr getrunken. Normalerweise waren drei Kurze nach dem Mittagessen längst geleert. Doch Willi spürte keinerlei

Verlangen, das Haus zu verlassen und durch den Schnee zum Kaufmann zu stapfen. Unangenehme Erinnerungen kamen in ihm hoch, wenn er den Schnee durch das Fenster betrachtete. Damals, 1943/44 in Russland. Nie hatte Willi mehr Kälte gespürt als im Krieg. Doch, ein zweites Mal noch, Anfang 1945 auf der Flucht. Diese Kälte konnte man sich gar nicht vorstellen, dachte er und schüttelte den Kopf.

Damals in Russland war ihm die Lungenentzündung gerade recht gekommen. Ab ins Lazarett mit dem Gefreiten Moretzka. Willi hatte die Worte nur noch verschwommen wahrgenommen, er war längst im Delirium. Im Panzer brachten seine Kameraden ihn zur Krankenstation, und in dem überfüllten Raum in einer verlassenen Dorfschule war es wenigstens halbwegs warm. Mit hohem Fieber fiel Willi ein in den Chor der Stöhnenden, und er hatte keine Ahnung, wie lange es so ging. Er bekam nicht mit, wie er in den Lastwagen verbracht wurde und wann in den Zug. Irgendwann war er daheim. Abgemagert und ausgelaugt stand er vor dem kleinen Haus am Rande des Gutshofes in Schlesien, auf dem er sein Leben lang schon gearbeitet hatte. Seine Frau Greti kam heraus, schaute irritiert, wer da vor ihr stand, bis sie ihn endlich erkannte und mit einem Schrei der Erleichterung umarmte.

»Du bist ja nur noch Haut und Knochen! Warte, ich hab noch Suppe, die sollst du haben«, sagte sie und zog ihn nach drinnen.

Willi Moretzka musste jetzt lächeln, wenn er an diesen Moment zurückdachte. Dieser überraschte Aufschrei. Irgendwie liebevoll. Später schrie Greti aus Verzweiflung, wenn ihm im Suff wieder mal die Hand ausgerutscht war.

Damals, im Frühjahr 1944, war der Gefreite Moretzka einfach nur froh, wieder zu Hause zu sein. Der Krieg war für ihn zu Ende. Im Türrahmen stand schüchtern ein dreijähriges Mädchen. Seine Tochter. Er hatte sie noch nie gesehen.

»Schau, Marie, das ist der Papa«, sagte Greti aufgeregt. »Komm her und sag deinem Vater guten Tag.«

Marie dachte nicht daran, sie drehte sich stattdessen um und rannte die Stiege hoch.

Willi Moretzka lächelte in seinem Sessel vor sich hin, während er daran zurückdachte. Wie seine Frau ihn aufpäppelte und in der Nacht in den Arm nahm. Er war glücklich, der Hölle des Krieges entronnen zu sein. Zurück mit allen Armen und Beinen, mit beiden Augen, klar im Kopf und in der Lage, wieder auf dem Gutshof zu arbeiten.

Es sollte nicht lange währen. Anfang 1945, der Krieg war noch nicht zu Ende, kamen die Russen, und Greti und Willi packten hastig das Nötigste und machten sich mit den Nachbarn aus dem Dorf, mit dem Gutsbesitzer und seiner Familie in einem langen Zug auf den Weg Richtung Westen. Der Winter war früh gekommen, und er war heftig. So wie dieser Schneesturm heute. Willi Moretzka wandte den Blick vom Fenster ab zum Fernseher. Die stromlose Mattscheibe war grau und hielt keine Abwechslung für ihn bereit. Er sollte einkaufen gehen. Brot und Margarine. Käse. Batterien. Etwas zu trinken. Willi stand auf. Er brauchte eine Weile, bis er zitternd ausreichend Halt gefunden hatte.

»Komm, Raudi, wir gehen zum Spar-Meier«, forderte er seinen Hund auf.

Raudi hob den Kopf und wedelte mit dem Schwanz, bewegte sich aber nicht von seiner Heizung fort.

»Jetzt komm.« Willi schaute seinen Hund auffordernd an, der winselnd blieb, wo er war. »Komm jetzt, auf.«

Raudi drückte seinen Kopf wieder fest auf den Fußboden und schaute unschuldig. Er wollte seinen Platz nicht verlassen.

Willi Moretzka war ratlos. Das Verhalten von Raudi war ganz untypisch, normalerweise freute der Hund sich, herauszukommen, und niemals wich er überhaupt von der Seite seines Herrchens. Vielleicht sollte das ein Zeichen sein, und Raudi hatte recht? Bei diesem Sturm sollte man besser keinen Fuß vor die Tür setzen. Und irgendwann musste er ja vorbei sein. Moretzka hatte keine Batterien für sein altes Transistorradio, er konnte keine Nachrichten hören und wusste jetzt ohne Elektrizität nicht, was der Wetterbericht vorhersagte. Aber, überlegte er, vielleicht war es besser, heute durchzuhalten und nicht aus dem Haus zu gehen.

Sicher war es das. Ein Fläschchen war ja noch da. Von der kalten Dose Erbsensuppe hatte er am Mittag nur die Hälfte gegessen, der Rest würde ihm für heute Abend reichen. Er war nicht anspruchsvoll. Und bis morgen würde sich der Sturm bestimmt beruhigt haben. Musste ja.

»Also gut, Raudi, wir bleiben heute hier«, sagte er zu seinem Hund.

Langsam bewegte sich Willi zurück zu seinem Sessel und nahm wieder Platz, Raudi kam auf ihn zu und wollte gestreichelt werden. Offensichtlich hat der Hund verstanden, was ich gesagt habe, dachte Willi. Er klopfte ihm liebevoll auf die Seite, während er überlegte, ob er irgendwo noch eine Taschenlampe hatte. Bald würde es dunkel werden.

Thomas und Sibylle hatten die Rückbank umgelegt, die Koffer geöffnet und sich mehrere Lagen Kleidung angezogen. Mit den restlichen Stücken legten sie die Liegefläche aus.

»Sieht eigentlich gemütlich aus«, fand Sibylle.

»Wenn's nicht so ernst wäre«, erwiderte Thomas.

Die Temperatur im Auto war innerhalb kürzester Zeit unter null gefallen. Es war eiskalt. Die Thermoskanne mit dem heißen Tee war schnell ausgetrunken gewesen, und jetzt füllte Sibylle Milch aus der noch in Dänemark geöffneten Packung ein, damit diese nicht gefror. Die restlichen Milchtüten und zwei Flaschen Rotwein sowie eine Flasche Sekt verpackten sie in mehrere Lagen Kleidung und Handtücher. Dann holten sie ihre Bettdecken auf die Vordersitze und wickelten sie jeweils um ihre Beine. Sibylle hauchte kräftig aus, eine große Atemwolke verteilte sich im Auto.

»Ich mach kurz den Motor an«, sagte Thomas und drehte am Zündschlüssel.

Das Auto sprang gleich an, und die Lüftung begann

zu pusten. Es war fünfzehn Uhr. Vor sechs Stunden hatten sie ihr Ferienhaus verlassen. Thomas drehte das Radio an.

Die Nachrichten waren niederschmetternd. Keine Wetteränderung in Sicht. Eingeschneite wurden um Geduld gebeten, die Bundeswehr wäre auf dem Weg. Als der erste Schlager nach dem Wetterbericht erklang, drehte Thomas das Radio wieder aus. Flotte Musik war jetzt genau das, was Sibylle und er wirklich überhaupt nicht gebrauchen konnten.

»Es wird bestimmt bald jemand kommen«, machte Sibylle sich selbst und ihrem Mann Mut. Doch es klang eher verzweifelt als positiv.

Thomas stellte den Motor wieder ab. Er zog am Türgriff und drückte die Fahrertür nach außen. Sie ging nicht mehr auf.

»Verdammt. Wie sieht es auf deiner Seite aus?«

Sibylle tat es ihm gleich und versuchte, die Tür zu öffnen. Es reichte gerade noch, dass sie sich hinausquetschen konnte.

»Okay, wir müssen regelmäßig die Tür öffnen, sonst kommen wir hier überhaupt nicht mehr raus«, erklärte Thomas. »So eine Scheiße«, fügte er noch hinzu.

Eine Weile verharrte er, bis er schließlich nach seinem Buch griff. Sibylle beobachtete ihn dabei argwöhnisch.

»Und wenn keiner kommt?«, fragte sie.

»Hör auf, Bille, dadurch machst du es nur noch schlimmer.« Thomas klappte sein Buch auf. Dostojewski, die Dämonen, bis zur Hälfte war er schon gekommen.

»Du willst jetzt echt lesen?«, fragte Sibylle entgeistert.

»Wieso denn nicht?«, antwortete Thomas gereizt. »Es wird ja nicht mehr lange hell sein, dann geht es ja nicht mehr. Die Nacht wird noch lang genug, falls wir nicht vorher gefunden werden. Vielleicht solltest du auch lesen. Könnte dich entspannen.«

Sibylle antwortete nicht und schaute beleidigt in die andere Richtung. Mit dem Ärmel wischte sie die Feuchtigkeit von der Scheibe. Nach einer Weile öffnete sie die Beifahrertür. Sie ging nicht mehr ganz so weit auf wie zuvor. Ein kalter Windzug fuhr durchs Auto, Schneeflocken wirbelten ins Innere. Sibylle drückte erst kräftig mit ihren Füßen gegen die Autotür und machte ein paar Zentimeter gut, dann zog sie die Tür wieder zu.

Thomas blätterte eine Seite um. Sibylle starrte auf sein Buch. Wieder blätterte er um und bewegte seinen Kopf langsam von links nach rechts.

»Sollen wir etwas essen?«, fragte sie schließlich. »Bevor es dunkel wird.«

Thomas schaute nicht auf. »Ich habe noch keinen Hunger. Aber du kannst dir doch nehmen, was du möchtest.«

Sibylle blieb unschlüssig sitzen. Dann schälte sie sich aus ihrer Decke, kletterte nach hinten und holte eine Packung Kekse. Sie zog ihren rechten Handschuh aus und fingerte einen Schokokeks heraus.

»Das ist vielleicht das Ende«, stellte sie fest und biss ins Gebäck.

»Hör auf, Bille, ich hab es dir doch schon gesagt: Mach es nicht noch schlimmer.«

»Wir könnten ja mal reden.«

Thomas schaute seine Frau genervt an. »Also, worüber möchtest du sprechen?«

»Dass wir nicht mehr miteinander reden können. Warum ist das so schwer?«

»Vielleicht haben wir uns nichts mehr zu sagen«, mutmaßte Thomas.

»Aber warum?«, hakte Sibylle nach.

Thomas stöhnte auf. Eine Weile schaute er dabei zu, wie die Windschutzscheibe immer mehr mit Schnee zugedeckt wurde, und überlegte, ob er es noch einmal mit den Scheibenwischern probieren sollte. Das war natürlich sinnlos. Dann drehte er seinen Kopf wieder zum Beifahrersitz.

»Bille, glaubst du, das ist hier der richtige Ort, um unsere Ehekrise zu besprechen? Sicher nicht. Das hätten wir in Dänemark tun sollen. Dort wolltest du nicht bleiben. In Ordnung. Wir sollten uns in unserer jetzigen Lage lieber mal überlegen, wie wir es hier drin aushalten, wenn es dunkel wird. Hast du darüber schon mal nachgedacht? Und wenn du das gemacht hast, können wir uns vielleicht mal über etwas anderes unterhalten. Aber bitte nicht über unsere Beziehung.«

Sibylle sah ihren Mann verunsichert an. »Was können wir schon tun? Wir stecken fest, verdammt.«

»Weil du gerne unser sicheres Ferienhaus verlassen wolltest«, stellte Thomas gereizt fest.

»Weil wir uns nichts zu sagen hatten. Da bin ich lieber daheim.«

»Ja, super, das hat ja auch richtig gut geklappt«, höhnte Thomas.

Sibylles Unterlippe fing an zu zittern. »Lass mich doch in Ruhe, Mann. Sollten wir hier jemals lebend rauskommen, kannst du dich ja gleich scheiden lassen.«

»Ja, das ist vielleicht ein Punkt, über den man hier in diesem bescheuerten Auto mal nachdenken könnte.«

»Meinst du das ernst?«, fragte Sibylle erstaunt.

»So ernst wie du. Echt jetzt, Bille, hör auf. Das ist wirklich nicht der Ort, um das zu besprechen. Wir brauchen unsere Energie für andere Dinge.«

»Und was schlägst du vor?«

»Dass wir versuchen, nicht zur gleichen Zeit zu schlafen. Einer von uns sollte immer wach sein. Wir müssen regelmäßig etwas Luft reinlassen. Wir müssen gucken, dass wir wenigstens die Beifahrertür noch aufbekommen, damit wir rauskommen, sobald es aufhört zu stürmen. Solche Sachen sind jetzt wichtig.«

»Okay.«

Das Ehepaar schaute sich lange in die Augen. Schließlich streckte Thomas seine Hand aus. »Kann ich auch einen Keks bekommen?«

Sibylle hielt ihm die Schachtel hin.

»Glaubst du, wir werden gefunden?«, fragte sie unsicher.

»Natürlich.« Thomas fingerte mit seinem Handschuh in der Packung herum. »Natürlich. Mach dir keine Sorgen. Wenn wir es nicht glauben, können wir gleich aufgeben.«

»Und wenn nicht?«

»Sei still, Bille, wir sollten davon ausgehen, dass wir gefunden werden. Du hast doch im Radio gehört, dass die Bundeswehr unterwegs ist und die Eingeschlossenen befreit.« Thomas griff wieder nach seinem Buch.

»Ich halte es nicht aus, Thomas.« Sibylle fing an zu weinen. »Es ist kalt, und wir können hier nicht mehr raus. Vielleicht ist unser Auto von außen gar nicht mehr erkennbar. Das ist doch Wahnsinn.«

Sie hielt sich die Hände vor das Gesicht und ließ ihren Tränen freien Lauf. In diesem Augenblick wünschte sie sich nichts mehr, als dass Thomas sie in den Arm nahm und ihr Rettung versprach. Doch Thomas blieb regungslos auf dem Fahrersitz sitzen und starrte in sein Buch. Er sagte kein Wort mehr.

Am Nachmittag, früher als gewöhnlich, ging Familie Truelsen geschlossen in den Kuhstall. Auf den Fenstersimsen und im Gang platzierten sie Petroleumlampen und zwei batteriebetriebene Stalllampen, die den Stall in ein schummriges Licht tauchten. Die Luke zum Strohboden und einige Fenster im Windschatten ließ Achim offen, um frische Luft hereinzulassen. Dann ging er nach draußen zum Geräteschuppen, um den Trecker zu holen. Seine Idee war, seine Melkanlage mit dem Weidemelkgeschirr zu verbinden, das über die Zapfwelle des Treckers zum Laufen gebracht wurde.

Aber zunächst musste er sich durch den Schnee im Hof kämpfen und die Schuppentür freischaufeln, um den Trecker überhaupt herauszubekommen.

Im Stall liefen währenddessen Arne und Carsten auf dem Futtergang herum und hielten den Kühen Heu hin. Otto, Gerdi und Michaela fingen schon mit dem Melken an. Da sie nicht wussten, ob Achims Plan aufging, wollten sie keine Zeit verlieren. Auf kleinen Schemeln setzten sie sich an die Euter und machten sich an die Arbeit. Otto spürte zwar seine Verletzung und hatte Schwierigkeiten, eine halbwegs bequeme Arbeitsposition zu finden, aber er sagte nichts. Ihm und Gerdi bereitete das Melken mit der Hand wenig Mühe, ein paar Griffe nur, und schon kam die Erinnerung zurück.

»Ist wie Fahrradfahren«, meinte Gerdi, »verlernt man nicht.«

Ihr machte es bei aller Dramatik sogar ein bisschen Spaß.

Michaela quälte sich eher. Gerdi erklärte ihr geduldig die Technik. »Zitzen immer versetzt, ein bisschen drücken, dann ziehen« und so weiter, doch es dauerte, bis überhaupt etwas Milch herauskam. Michaela war schon froh, dass die Kuh gutmütig war und sich nichts daraus machte, dass Michaela so an ihr herumzog. Irgendwann ging es besser, aber dann taten Michaela die Hände so weh, dass sie glaubte, nicht eine Minute länger arbeiten zu können. Sie nahm einen kleinen Streit zwischen ihren beiden Söhnen dankbar zum Anlass, um ihre Arbeit zu unterbrechen.

»Passt auf, dass ihr nicht an die Lampen kommt, Jungs, sonst gibt es hier noch ein Feuer«, schalt sie, und die beiden hielten erschrocken inne.

»Darf ich auch mal melken?«, fragte Carsten nach einer Weile, und Gerdi nahm ihn an ihre Seite und ließ es ihn probieren.

Es war längst stockdunkel, als Achim sich mit dem Frontlader endlich den Weg zum Stall bahnte. Er hielt direkt davor und stieg ab. Den Motor ließ er laufen, während er die Vakuumpumpe des Weidemelkgeschirrs mit der Zapfwelle des Treckers verband. Otto leuchtete mit der Taschenlampe, damit Achim im dunklen Schneetreiben überhaupt etwas sah. Den Schlauch führte er in die Melkkammer. Der Außenschlauch passte nicht auf den Vakuumschlauch, aber mit etwas Isolierband ließ sich der Unterschied beheben.

In der Melkkammer starrte Achim gebannt auf den Weidemelkeimer, während Otto im Stall der ersten Kuh das Melkgeschirr anlegte. Erleichtert stellte Achim fest, dass es funktionierte. Die Pumpe fing an zu arbeiten, und der Eimer füllte sich mit Milch.

Es dauerte lange, bis jede Kuh gemolken war. Da der Milchtank ohne Strom nicht funktionierte, schütteten sie jedes Mal, wenn der Melkeimer voll war, die Milch in große Plastiksäcke und Kannen und stellten sie vor die Tür.

»Ist ja eher unwahrscheinlich, dass der Milchwagen durchkommt«, meinte Achim. Ihm war bewusst, dass er die Milch ohne Abnehmer auch gleich ganz wegkippen konnte, aber er brachte es nicht übers Herz.

Er ging mit seinem Vater noch in den Schweinestall, um nach dem Rechten zu sehen, während die beiden Kinder und die Frauen mit Taschenlampen in den Händen sich den Weg zurück ins Wohnhaus bahnten.

»Meine Hände und Arme, mein Gott, tun die weh«, jammerte Michaela in der Küche. »Wie schaffst du es nur, so viele Kühe zu melken?«

Gerdi lachte. »Früher haben wir das immer gemacht. Aber ich gebe zu, mir tut auch alles weh. Man ist das ja nicht mehr gewöhnt.«

»Gott sei Dank hat die Sache mit dem Weidemelkgeschirr funktioniert. So müssen wir wenigstens ab jetzt nicht mehr weiter mit den Händen melken«, seufzte Michaela. »Jetzt noch ein heißer Tee wäre schön.«

»Tja, aber ohne Strom kein Tee, so einfach ist das«, erwiderte Gerdi.

»Du hast doch …« Michaela grinste sie im Schein der Taschenlampe an.

Gerdi verstand sofort und schlug sich die Hand auf die Stirn. »Natürlich! Der Fonduetopf.«

Das Geschenk lag immer noch in seiner Verpackung unter dem Weihnachtsbaum im Wohnzimmer. Michaela holte die Schachtel, während Gerdi schon den Tisch in der Küche deckte. Es war mittlerweile eiskalt im Haus, egal ob Küche, Wohn- oder Schlafzimmer.

Michaela platzierte das Rechaud in die Mitte des Tisches und entzündete den Spiritus. Gerdi füllte den Topf mit Wasser und stellte ihn auf die Flamme. Als die Männer kurz darauf in die Küche kamen, staunten sie nicht schlecht über den unerwarteten heißen Tee.

»Was für ein Glück«, seufzte Otto ungewohnt milde, »etwas Heißes tut jetzt wirklich gut.«

»Ein tolles Geschenk«, befand Gerdi. »Vielen Dank nochmal. Es ist genau das Richtige.«

Die Ehepaare Jachmann und Schaupe konnten ihr Glück kaum fassen, als sie gemeinsam mit Ellen und Claudia wieder durch die Tür in den Gastraum traten, den sie sechzehn Stunden zuvor verlassen hatten, um zurück nach Flensburg zu fahren. Kirsten spürte Tränen der Dankbarkeit aufsteigen. Der Gastraum war warm, und auf den Tischen standen Thermoskannen mit Kaffee und Teller mit Kuchen. Überall flackerten Kerzen. Die sechs Rückkehrer wurden mit großem Hallo von den etwa zwanzig Personen begrüßt, die es sich im Krog schon gemütlich eingerichtet hatten. Auf einem Tisch lag ein Brettspiel aufgebaut, um das sich die jüngeren Leute geschart hatten; einer der Hochzeitsgäste, mit dem sich Kirsten am Abend sogar unterhalten hatte, klimperte auf der Ofenbank auf einer Gitarre.

»Erst mal eine Tasse Kaffee?«, fragte Bärbel Beeck. Sie nahm ihre Schwester und Nichte in den Arm und drückte sie fest an sich. »Schön, dass ihr da seid. Setzt euch. Es gibt bald Abendessen.«

Alle rückten ein bisschen zusammen, holten Stühle und machten die Sitzecke am Kachelofen frei.

»Sie wollen ja sicher noch ein bisschen auftauen, nicht wahr«, meinte der Brautvater Siegfried Ratke und machte eine einladende Handbewegung.

So muss es sich im Himmel anfühlen, dachte Kirsten dankbar. Wann hatte sie sich zuletzt so wohl und glücklich gefühlt? Kirsten strahlte ihren Mann an, der ebenfalls selig lächelte.

»Wir sind ein bisschen zusammengerückt in den Zimmern, so kann jeder von Ihnen ein Doppelzimmer haben«, erklärte Elfriede Ratke. »Wir kennen uns ja alle. Uns macht das nichts aus, ein Zimmer mit den anderen zu teilen, dann ist es auch gleich wärmer. Nur dass die Hochzeit heute nicht stattfinden konnte, ist wirklich ein Ding.«

»Morgen wird das auch nichts«, war sich eine kleine rundliche Frau sicher, die Kirsten und Ursel Schaupe jetzt Kaffee einschenkte. »Aber wir machen es uns trotzdem gemütlich hier.« Sie lächelte die beiden an. »Ich heiße Erna. Und ihr? Wir können uns doch alle duzen, oder?«

»Na klar, gute Idee. Kirsten und Ernst.«

»Und wir sind Ursel und Rolf.«

»Wir haben uns alle Mühe gegeben mit dem Kuchen, aber es ist immer noch genug da«, erklärte Erna fröhlich. »Na, und nu' muss ja auch noch das ganze gute Essen für die Hochzeitsgesellschaft vertilgt werden. Also, hungern werden wir hier nicht. Es gibt schlimmere Orte, um festzusitzen, das wisst ihr ja selbst am besten.« Sie lachte herzlich.

Schon wenig später fingen Bärbel und ihre Kinder an, eine lange Tafel einzudecken. Sie legten weiße Decken auf, stellten Teller und Besteck hin, positionierten Wein- und Wassergläser, ganz so, als würde das Brautpaar gleich hereinkommen und die Feier losgehen.

»Alle zu Tisch, bitte«, rief Bärbel.

Kirsten konnte kaum glauben, was sie jetzt sah. Aus der Küche kamen Schüsseln mit feinstem Rehragout, Rotkohl, Preiselbeerbirnen und Kartoffelklößen. Wein wurde eingeschenkt, schließlich kamen auch Friedchen, Lene und Klaus aus der Küche und setzten sich dazu.

Der Brautvater Siegfried Ratke stand auf, schlug gegen sein Glas und räusperte sich.

»Der Abend heute sollte eigentlich ganz anders sein. Wir hätten die Hochzeit unserer Tochter mit dem hiesigen Bürgermeister feiern wollen. Aber wir können nicht klagen und froh sein, dass wir hier in Sicherheit sind. Und dass wir alle so freundlich aufgenommen wurden. Hoffen wir, dass der Sturm bald vorüber ist. Dann feiern wir weiter. Auf unsere fantastischen Gastgeber!«, rief er. »Wir bedanken uns alle. Sie sind die Besten. Auf den Krog!«

Die Gläser stießen gegeneinander. Kirsten drückte unter dem Tisch die Hand ihres Mannes. Sie war ganz warm.

»Wenn ich daran denke, dass wir Ärzte eigentlich im Krankenhaus sein sollten«, meinte er zu ihr. »Wir sitzen hier jetzt wie auf einer Insel mitten im Paradies, und die Kollegen können nicht zu ihren Familien, weil wir nicht kommen. Und die Patienten bekommen vielleicht nicht die Versorgung, die sie verdienen.«

»Ja, das ist blöd. Aber hättest du das vor ein paar Stunden gedacht?«, fragte Kirsten. »So etwas Schönes hätte ich mir bei diesem Sturm niemals träumen lassen. Von mir aus kann es jetzt noch ewig weiterschneien. Prost, Ernst.«

»Prost, Kirsten.«

Sie stießen an und nahmen einen Schluck von ihrem Rotwein. Kirsten fand, dass er fantastisch schmeckte. So muss es im Schlaraffenland sein, dachte sie.

Kurz vor Einbruch der Dunkelheit kroch Sibylle wieder in den Fond ihres eingeschneiten Autos und ging ihre Lebensmittelkiste durch.

»Wir haben Käse, Wurst und Brot. Eine ganze Salami.« Sie hielt das lange Stück hoch. »Oder eine kalte Dosensuppe?« Jetzt griff sie nach der Erbsensuppe. »Die Butter ist steinhart«, stellte sie wenig später fest.

»Wir haben kein Besteck und keine Gefäße«, erwiderte Thomas.

»Was sagst du?« Sibylle war elektrisiert. »Und was ist mit deinem Schweizer Messer?«

»Hab ich nicht mitgenommen.«

»Wieso das denn nicht? Das hast du doch immer dabei.«

»Diesmal aber nicht. Wir hatten schließlich ein Haus in der Zivilisation mit Geschirr und Besteck gebucht.«

»Wie bescheuert ist das denn, Mann?« Sibylle war verärgert.

»Ist das jetzt auch meine Schuld?«, entgegnete Thomas gereizt.

»Nein, nein.« Sibylle atmete tief durch und versuchte, sich zu beruhigen. Sie war kurz davor, durchzudrehen, aber nicht aus Wut auf ihren Ehemann, sondern vor Angst. »Ich habe eine Nagelschere. Und der Käse ist ja in Scheiben. Und vom Brot können wir etwas abreißen.« Sie reichte beides nach vorne und kletterte zurück auf den Beifahrersitz.

Wortlos kauten beide an ihrem Abendbrot, während es im Wagen immer dunkler wurde. Thomas drehte den Zündschlüssel um und startete den Motor. Nach einer Weile wärmte die Heizung ihre unwirtliche Umgebung ein wenig; und die Lampe an der Decke spendete genug Licht, um sich zu orientieren. In regelmäßigen Abständen drückte Thomas auf die Hupe. Als beide satt waren, brachte Sibylle die Reste wieder in den hinteren Teil und versuchte, sich auf dem schmalen freien Stück im Fond des Wagens so bequem wie möglich hinzulegen. Die Beine ausstrecken konnte sie nicht. Thomas drückte mit seinen Füßen noch einmal gegen die Beifahrertür. Sie ließ sich kaum noch öffnen. Resigniert zog er sie wieder zu.

»Ich mach wieder aus.« Thomas drehte den Schlüssel nach links. Das Gebläse der Heizung erstarb. Augenblicklich war es stockdunkel im Wagen.

Sibylle streckte ihre Hand aus und berührte seinen rechten Oberarm. »Halt mich fest, Thomas, bitte.« Sie weinte leise.

Thomas versuchte, es sich halbwegs komfortabel auf den Vordersitzen einzurichten und sich zuzudecken. Dann tastete er nach Sibylles Hand und drückte sie.

»Morgen werden wir bestimmt gefunden«, sagte er beruhigend. Er hatte keine Ahnung, ob er es selbst glauben sollte.

Erneut breitete sich Eiseskälte im Wagen aus, und der Wind heulte ohne Unterlass.

Der Kamin im Hause Fink brannte seit dem Stromausfall lichterloh, und im Wohnzimmer war es schön warm. Die Kinder hatten den Tag bis zum Einbruch der Dunkelheit mit Monopoly-Spielen verbracht. Hans hatte sich etwas beruhigt; das Telefon funktionierte nach wie vor, aber es klingelte nicht. Offensichtlich passierte gerade niemandem etwas, für das ein Arzt vonnöten war. Hans empfand es als Glück, denn er hatte keine Ahnung, wie er zu seinen Patienten gelangen sollte. Jetzt überlegte er gemeinsam mit Rena, wie sie ihre Feuerstelle am besten auch noch als Kochstelle verwenden konnten. Sie gingen mit ihren Taschenlampen in den Keller und fanden dort ein paar Ziegel, die vom Hausbau übriggeblieben waren, und legten sie so in den Kamin, dass Rena schließlich einen Topf mit Gulasch, das sie beim Ausräumen der Tiefkühltruhe gefunden hatte, draufstellen konnte. Mascha, Oliver und Tobias saßen im Schneidersitz vor dem Feuer auf dem Fußboden und hielten jeder eine Schale erwartungsvoll in den Händen.

»Wunderbar«, fand Hermann, der mit Lisbeth in der zweiten Reihe in den Sesseln saßen. »Ich hatte noch nie so eine leckere Gulaschsuppe. Oder wie seht ihr das?«

»Wirklich sehr lecker«, erwiderte Hans. »So, und nach dem Essen holen wir alle unsere Matratzen und Decken und schlafen heute Nacht vor dem Kamin. Wie findet ihr das?«

»Hurra«, rief Tobi so begeistert, dass ihm seine Gulaschschüssel aus der Hand fiel.

»Oh nein, alles auf den Teppich.« Rena schüttelte verärgert den Kopf und holte einen Lappen aus der Küche. »Geht kaum raus«, murmelte sie sauer.

»Sieht man ja gar nicht im Feuerschein.« Hans berührte sie leicht an der Schulter. »Ist doch nicht so schlimm.«

»Wie es wohl Sibylle und Thomas geht?«, fragte Lisbeth unvermittelt. »Sie werden doch hoffentlich in Sicherheit sein?«

»Warum sollten sie nicht?«, fragte Rena zurück. »Selbst wenn in Dänemark auch der Strom ausgefallen ist, haben sie bestimmt immer noch einen Bollerofen, auf dem man sogar kochen kann. Mach dir keine Sorgen.«

»Na, hoffentlich hast du recht.« Etwas unschlüssig schob sich Lisbeth den nächsten gefüllten Löffel in den Mund. »Irgendwie habe ich ein komisches Gefühl im Bauch.«

Ach was«, wehrte Rena mit einer Handbewegung ab. »Da ist alles in Ordnung. Wahrscheinlich streiten sie. Aber sie haben es warm.«

Als sich später alle auf den Matratzen unter ihre Decken gekuschelt hatten, legte Hans noch ein paar Holzscheite in die Feuerstelle, streckte sich lang und nahm seine Frau in den Arm. Von der Seite kroch Tobi an ihn heran, an Rena kuschelten sich Mascha und Oliver. Die Flammen loderten auf, und niemals hatte Familie Fink je einen innigeren Moment erlebt.

5

Samstag, 30. Dezember 1978

Das Schneechaos in Norddeutschland wird von Stunde zu Stunde größer. Seit zweieinhalb Tagen schneit es ohne Unterbrechungen. Menschen in eingeschneiten Autos, entgleiste Züge und Deichbrüche an der Ostsee: Das ist die gegenwärtige Lage im nördlichen Teil der Bundesrepublik. [...] 80 Ortschaften im nördlichsten Bundesland sind ohne Strom. [...]

Die Bundespost hat die Bevölkerung aufgerufen, wenig zu telefonieren, da die Batterien in den Vermittlungsstellen nicht aufgeladen werden können. [...]

Die Kaltfront reicht inzwischen im Osten von der Sowjetunion bis in die DDR und im Westen bis hinein in die Niederlande und nach Belgien. [...]

Der Grund für die Unwetterkatastrophe: das Zusammentreffen von subtropischen und arktischen Luftmassen. Heute Nacht soll die Quecksilbersäule in Norddeutschland noch weiter sinken.

Tagesschau, 30.12.1978

*

Willi Moretzka erwachte zitternd. Die ganze Nacht hatte er sich unruhig herumgewälzt, er schwitzte trotz der Kälte, hörte sein Herz pochen und hatte Bauchkrämpfe. Er hatte zu wenig Alkohol getrunken und litt jetzt unter Entzugserscheinungen. Den letzten Flachmann hatte Willi am Vorabend in einem Zug geleert, bevor er nach Einbruch der Dunkelheit, vorsichtig an der Wand entlang tastend, ins Bett gegangen war. Es gab keinen Grund, länger aufzubleiben, er saß im völligen Dunkeln, kein Fernsehen konnte ihn ablenken, Batterien für sein kleines Kofferradio hatte er auch nicht gefunden. Genau genommen hatte er gar nicht danach gesucht.

Jetzt graute der Morgen, und Moretzka hörte mit noch geschlossenen Augen, wie der Wind in gleicher Stärke wie am Vortag ums Haus pfiff. Oder hatte er sogar noch zugenommen? Das durfte nicht passieren. Willi öffnete seine Augen. Er musste auf jeden Fall heute, am besten gleich, zum Spar-Meier laufen, er brauchte dringend etwas zu trinken. Wenn der Laden noch geschlossen war, würde er klopfen. Hartmut Meier hatte ihm schon so oft etwas außerhalb der Öffnungszeiten verkauft, er würde es sicher auch heute tun.

Mühevoll und gleichzeitig angespannt quälte Willi Moretzka sich aus dem Bett. Raudi blieb auf seiner Decke vor der Heizung liegen und wedelte vorsichtig mit dem Schwanz. Willi schaute aus dem Fenster, das fast komplett vereist war. Nur an der obersten Ecke war der Blick frei und offenbarte, dass auch der Schneefall noch nicht aufgehört hatte.

Er ging langsam ins Bad und setzte sich auf das Klo. Dann stand er wieder auf und betätigte die Spülung. Nichts tat sich. Er drehte den Wasserhahn im Waschbecken neben dem Klo auf. Der Hahn gab lautstark ein paar Ächzer von sich und spuckte einige Tropfen aus, aber mehr passierte nicht.

»Auch das noch«, stöhnte Willi, »kein Wasser mehr.«

Er ging zurück ins Schlafzimmer und zog sich an. Im Flur holte er den Mantel vom Haken, setzte die warme Fellmütze mit den Ohrenklappen auf und zog Handschuhe über die Finger. Dann öffnete er die Haustür.

Vor ihm tat sich eine Wand aus Schnee auf. Hier gab es keinen Ausgang mehr. Willi schloss die Tür wieder.

Er zitterte jetzt noch mehr. Er war gefangen in seinem eigenen Haus. Das durfte nicht sein. Willi lief mit Mütze und Mantel in die Küche und öffnete den Vorratsschrank. Eine Dose Hundefutter. Im Kühlschrank standen eine geöffnete, halbvolle Dose Hundefutter und ein fast volles Glas Himbeermarmelade. Der Kühlschrank fühlte sich lauwarm an. Willi schloss die Tür und richtete sich auf.

Sein Blick fiel auf den halb zugezogenen Vorhang in der Ecke, hinter dem sich die leeren Flaschen türmten. Willi stellte ein Glas auf den Küchentisch und zog den Vorhang komplett auf. Er nahm die obersten Flaschen mit an den Tisch, schraubte die Verschlüsse auf und drehte sie mit unsicherer Hand um. Ein paar Tropfen fielen ins Glas. Willi widerstand dem Impuls, sofort danach zu greifen und es leerzutrinken. Er öffnete die nächsten Flaschen und ließ weitere Tropfen ins Glas fallen, bis es ausreichte, um gierig einen ersten Schluck zu nehmen.

Es beruhigte ihn ein bisschen. Er zog Mantel und Mütze aus und machte weiter. Bald war der Küchentisch vollgestellt mit bis auf den letzten Tropfen ausgeleerten Flaschen.

Raudi saß neben ihm auf dem Küchenboden und schaute mit aufmerksam gespitzten Ohren zu seinem Herrchen auf. Willi streichelte seinen Hund geistesabwesend, während er sich in der Küche umsah. Er brauchte mehr Platz. Schließlich stellte er die vollends geleerten Flaschen vom Küchentisch auf den Kühlschrank und auf den Fußboden daneben und holte weitere aus dem schier nicht enden wollenden Vorrat hinter dem Vorhang.

Es dauerte eine ganze Weile, aber der Erfolg gab Willi Moretzka recht. Er hatte immerhin so viel Alkohol aus den alten Flaschen herausholen können, dass das lästige Zittern seiner Hände verschwunden war und sich in seinem Innern eine gewisse Ruhe einstellte. Jetzt konnte er sich etwas entspannen und seine Lage in den Blick nehmen.

Der linke Teil des Küchenfußbodens war übersät mit leeren Flaschen. Raudi stand an der Tür und bellte unruhig. Offensichtlich musste er mal. Willi erhob sich und lief ins Wohnzimmer, Raudi folgte aufgeregt. Auf der windabwandten Seite waren die zwei Fenster noch nicht zugeschneit. Willi öffnete eines und hob seinen Hund hoch. Mit einem Satz sprang Raudi in den Schnee, hockte sich hin und erbellte sich danach sofort wieder Einlass zurück ins Haus. Drinnen schüttelte er sich, und Schneeflocken stoben durch den Raum. Willi musste lachen.

»Guter Hund.«

Er schloss das Fenster. Dabei entdeckte er die geleerten Flaschen, die daneben auf der Kommode standen. Willi holte sein Glas aus der Küche und kippte auch diese Flaschen bis auf den letzten Tropfen aus. Heraus kam ein großzügiger Schluck, den Willi mit Genuss trank. Sein nächster Gang führte zum Tank im Heizungsraum, von dem er wieder Öl in die Kanne abließ, um die Heizkörper direkt zu befüllen. Dann setzte er sich in seinen Sessel. Sein Blick fiel auf die Kekstüte, die ihm der Doktor nach seinem Fahrradsturz in die Hand gedrückt hatte. Unberührt stand sie neben dem Fernseher. Willi griff danach und ließ sich zurück in den Sessel fallen. Zufrieden öffnete er die Tüte, hielt den ersten Keks Raudi vor die Schnauze, der ihn vorsichtig nahm, und steckte sich den zweiten genüsslich in den Mund. Fürs Erste war Moretzka beruhigt. Er hatte es mit einfachen Mitteln geschafft, seinen erforderlichen Alkoholpegel zu erreichen, und jetzt hatte er sogar noch etwas zu essen gefunden. Am Nachmittag würde es bestimmt möglich sein, das Haus zu verlassen, um zum Spar-Meier zu laufen. So lange würde er es schon noch aushalten. Willi hielt Raudi einen weiteren Keks hin, nahm sich selbst noch einen und lehnte sich zurück.

Die Kühe brüllten. Das Geräusch ging Achim durch und durch. Er musste zunächst den Zugang zum Stall wieder freischaufeln, immer begleitet vom ungeduldigen Muhen der Kühe. Als er schließlich die Stalltür öffnete, wurde das Gebrüll noch lauter.

»Komm, wir holen Schnee rein«, sagte Otto, der nach ihm eingetreten war, »damit die Viecher trinken können.«

Mit zwei Schubkarren brachten sie den Schnee in den Stall und füllten ihn im Futtergang in Eimer um. Jetzt mussten sie warten, bis er so weit geschmolzen war, dass die Kühe überhaupt trinken konnte. Solange die beiden Bauern den Tieren nichts anbieten konnten, brüllten sie weiter. Sie wollten auch gemolken, von der Last ihrer vollen Euter befreit werden. Für Achim und Otto war ihr Leiden kaum auszuhalten.

Während der Schnee im Kuhstall schmolz, schaufelte Achim wieder den Eingang zum Geräteschuppen frei. Otto kam mit einer weiteren Schneeschaufel hinzu.

»Ich helf dir«, sagte er.

Schon nach wenigen Bewegungen hielt er inne und verzog vor Schmerz das Gesicht.

»Lass es, Vadder, ich krieg es allein hin«, forderte Achim ihn auf.

»Ach was, ist nicht so schlimm. Wir sind ja gleich fertig«, wehrte Otto ab und machte weiter.

Schließlich fuhr Achim mit dem Trecker wieder vor den Stall, verband das Weidemelkgeschirr wie am Vortag mit der Zapfwelle und ließ den Motor laufen. In den

Eimern im Stall gab es mittlerweile etwas Schmelzwasser, das Otto den ersten Kühen anbieten konnte. Durstig soffen sie.

Als es hell wurde, ging die Tür gar nicht mehr auf. Sie hatten es in der Nacht zu selten praktiziert. Jetzt blieb Thomas und Sibylle nur noch, hin und wieder das Fenster etwas herunterzukurbeln, um frische Luft ins Wageninnere zu lassen. Es ließ sich etwa noch bis zur Hälfte öffnen, zu wenig, um herauszuklettern. Sie waren endgültig gefangen.

Die Nacht war unbequem und ungemütlich gewesen. Beiden kam sie ewig vor. Sibylle wusste nicht, ob es Kälte oder Angst war, die sie im Kofferraum kaum schlafen ließ. Regungslos lag sie in Embryonalstellung da und versuchte, nicht pausenlos zu weinen. Thomas hatte seine Beine auf den Beifahrersitz gelegt. Von der stundenlangen Liegesitzposition tat ihm alles weh.

»Puh.« Er versuchte, sich zu strecken, und blickte Sibylle an. »Geht's?«

»Nichts geht.« Sibylle brach wieder in Tränen aus.

»Heute findet man uns, ganz bestimmt«, wiederholte Thomas sein Mantra. Er setzte sich aufrecht und drehte den Zündschlüssel um. Der Motor sprang nach wie vor zuverlässig an. Qualitätsauto, dachte Thomas.

Nach einer Weile wurde es wärmer im Inneren, und das Piepen im Radio kündete die Nachrichten an. Neun Uhr. Es ging ausschließlich um den Schneesturm, der vor allem den Norden Schleswig-Holsteins betraf. Alle Straßen waren völlig blockiert. Es war gestern Abend nur schlimm, aber heute ist es furchtbar, erklärte ein Feuerwehrmann.

Sibylle schrie auf. »Ich will es nicht hören. Mach es aus.«

»Ich will es aber wissen«, entgegnete Thomas. »Sei still. Wir müssen hier doch rauskommen.«

»Mach es aus!«

»Sei endlich still!«

»Wir werden hier sterben. Das ist wie ein angekündigter Tod. Ich will es nicht hören«, brüllte Sibylle.

»Jetzt beruhig dich doch, verdammt.«

Sie stritten so lange, dass sie den Wetterbericht gar nicht mitbekamen. Irgendwann wurde Musik gespielt, und Thomas hielt inne.

»Jetzt mach ich den Scheiß wirklich aus. Aber wie das Wetter werden soll, haben wir nicht mitbekommen.«

»Die Nachrichten kommen ja jede Stunde, du kannst sie noch oft genug hören«, entgegnete Sibylle aufgebracht.

»Wenn du mich lässt«, grollte Thomas.

Bis zur nächsten vollen Stunde schwiegen beide. Dann stellte Thomas das Radio wieder an. Sibylle im Fond starrte stur an die Wagendecke.

»Da hast du es«, sagte sie nach dem Wetterbericht. »Es wird noch kälter. Und es hört nicht auf zu schneien und zu stürmen. Wir werden erfrieren. Niemand wird uns finden.«

Thomas antwortete nicht. Sibylle kroch auf den Beifahrersitz.

»Ich muss pinkeln«, sagte sie auffordernd. »Wie soll ich das machen?«

Thomas schaute sich im Auto um und griff schließlich nach einem halbvollen Milchkarton. »Hier«, er hielt ihn Sibylle vor die Nase, »trink aus. Wir kippen es dann aus dem Fenster.«

Sibylles Blick ging irritiert von der Milch zu ihrem Mann. »Dein Ernst?«

Thomas zog die Schultern hoch. »Hast du eine bessere Idee? Ich guck auch weg.«

Die Nacht vor dem Kamin war gemütlich und warm gewesen. Hermann hatte laut geschnarcht und Lisbeth ihn immer wieder angerempelt. Den anderen fünf war es egal, sie hatten fest und lange geschlafen. Die Kinder lagen noch verschlafen auf ihren Matratzen, als Hans den Kamin wieder anfeuerte. Die Flammen schlugen hoch.

Rena kam aus der Küche. »Was für ein Glück, dass du das mit dem Wasser gesagt hast, Papa. Wir haben tatsächlich kein fließendes Wasser mehr.«

Sie ging ins eiskalte Badezimmer und schöpfte aus ihrem in der Badewanne angelegten Vorrat. Bald darauf brodelte das Kaffeewasser auf dem Feuer. Noch in den Betten liegend nahmen Lisbeth und Hermann einen Becher entgegen und wärmten daran ihre Hände. Jetzt kochte Rena Milch für den Kakao der Kinder auf. Alle fühlten sich geborgen, die Stimmung war trotz Schneesturm und Stromausfall entspannt.

»Ich hab richtig gut geschlafen«, meinte Mascha. »Es war so gemütlich.«

»Können wir heute mal rausgehen?«, wollte Tobi wissen.

»Noch stürmt und schneit es weiterhin«, sagte Rena. »Also leider eher nein, es ist zu gefährlich.«

»Menno.« Tobi zog einen Flunsch.

»Wir können ja gleich wieder etwas spielen«, schlug Oliver vor.

Das Telefon klingelte auf der Privatleitung. Mit einem Satz war Hans davor und nahm den Hörer ab.

»Hier ist Sven Lausen, Gundas Mann. Störe ich Sie?«

»Wie können Sie stören?«, fragte Hans zurück. »Ist mit Gunda alles in Ordnung?«

»Nee, sie hat gesagt, ich soll Sie anrufen. Gunda hatte einen Blasensprung.«

35. Woche und Steißlage. Hans zögerte keine Sekunde. »Ich komme.«

»Meinen Sie, dass Sie es überhaupt schaffen, durch den Schnee hierherzukommen, Herr Doktor?«

Gunda und Sven Lausen wohnten kurz vor Bröderup, etwa drei Kilometer entfernt. Eigentlich musste man nur der Straße folgen und kurz vor dem Bröderuper Ortsschild links abbiegen. Hans entschied, dass es machbar war.

»Natürlich. Es wird schon gehen. Aber sicher brauche ich ein Weilchen für den Weg. In welchem Abstand kommen denn die Wehen?«

»Ich weiß es nicht, aber Gunda meint, Sie haben noch reichlich Zeit.«

»Ich lauf gleich los.«

»Gut. Sie finden uns nebenan bei meinen Eltern, dort ist es warm.«

Hans legte auf und drehte sich um. Rena zog ihn in die kalte Küche.

»Muss das wirklich sein bei dem Wetter?«, fragte sie besorgt.

»Was habe ich denn für eine Wahl?«, wollte Hans wissen. »Das Kind kommt viel zu früh und es liegt auch noch in Steißlage.«

»Sollte man nicht lieber schauen, dass ein Gynäkologe zu ihr kommt? Oder sie ins Krankenhaus? Du bist schließlich kein Frauenarzt«, gab Rena weiter zu bedenken.

»Sicher, das wäre gut. Vielleicht kannst du dich bemühen, Kontakt mit der Rettungsstelle aufzunehmen, während ich unterwegs bin. Ich fürchte aber, es gibt kein Durchkommen, und für die Hubschrauber ist es viel zu stürmisch.« Hans strich mit seiner Hand sanft über Renas Wange. »Ich habe auch keine Lust, jetzt drei Kilometer durch den Schneesturm zu stapfen, aber der Weg führt ja immer entlang der Straße, es wird schon gutgehen.« Er nahm seine Frau in den Arm und drückte sie fest an sich. »Mach dir keine Sorgen.«

Die ganze Familie stand Spalier und sah zu, wie Hans sich einen dicken Pullover und eine Skihose anzog und seine Mütze aufsetzte. Drei Paar lange Strümpfe zog er an und schlüpfte in seine Wintergummistiefel mit dem guten Profil. Seinen Arztkoffer verstaute er in einen großen Rucksack, damit er ihn nicht in der Hand tragen musste. Er sah auf.

»Ich muss noch mal in die Praxis. Kann mir jemand helfen, die Tür dort freizuschaufeln?«

Gemeinsam mit Rena räumte er einen schmalen Pfad vor der Eingangstür frei und holte die Geburtszange, das Hörrohr und ein paar Klemmen. An der Garderobe entdeckte Hans noch einen vergessenen Spazierstock, den er an sich nahm.

»Pass auf dich auf«, rief ihm Rena im Schneetreiben nach.

Hans drehte sich noch einmal um und winkte.

Die Dorfstraße, an der sich Hans orientieren wollte, war unter meterhohem Schnee verschwunden. Auf ihrer Westseite türmten sich die Schneemassen besonders hoch auf. An manchen Häusern reichte der Schnee bis zur Dachrinne. Statt flach ging es nun über Schneeberge auf und ab. Immer wieder sackte Hans tief im Schnee ein und musste sich mühsam wieder hocharbeiten. Er war froh über den Spazierstock, auf den er sich stützen und mit ihm ausloten konnte, ob vor ihm der Untergrund hielt oder er tief einsinken würde. Er ging immer geradeaus. Noch gaben die Häuser ihm eine gute Orientierung. Der scharfe Wind kam von der Seite, und zusammen mit dem Schnee fühlte es sich an, als würden spitze Nadeln in sein Gesicht stechen. Hans zog seinen Schal über die Nase und kniff die Augen zusammen. Seine Stiefel waren voller Schnee und seine Füße nass und eiskalt. Auch seine Finger schmerzten vor Kälte wie verrückt, aber er war froh, überhaupt voranzukommen.

Hans kletterte auf die nächste Schneewehe. Dabei hatte er guten Halt und sank kaum ein. Sein Spazierstock traf auf harten Untergrund. Hans stach weiter vorne ein zweites Mal ins Weiß und stieß wieder gegen etwas Hartes. Mit den Füßen scharrte Hans den Schnee unter sich weg, und rotes Blech kam zum Vorschein. Der Berg, auf dem er stand, war ein komplett eingeschneites Auto.

Ihr Frühstück bestand aus Cornflakes, die sich Sibylle und Thomas mit der Hand in den Mund schoben und mit Milch nachspülten. Danach versank Thomas in sein Buch, während Sibylle unschlüssig ins Nichts, das direkt vor ihrer Windschutzscheibe begann, starrte. Wieso hatte sie alle Vernunft fahren lassen und auf die Heimfahrt bestanden, schalt sie sich mittlerweile selbst. Es wäre allemal besser gewesen, im Ferienhaus statt im eingeschneiten Auto festzusitzen. Aber das konnte ja keiner ahnen, dass es so schlimm kommen würde, oder? Im Geiste rechtfertigte Sibylle sich. Es war eine Kurzschlussreaktion gewesen, weil sie es einfach nicht mehr ausgehalten hatte. Thomas hätte es ja auch verhindern können, er hätte darauf bestehen müssen, dass wir bleiben, dachte sie trotzig. Wenn wir hier jemals lebend rauskommen sollten, muss sich etwas ändern. So will ich nicht weiterleben.

Sibylle kramte in ihrer Handtasche und fischte einen Kugelschreiber und ihren neuen, in Leder eingebundenen Kalender für das Jahr 1979 heraus, den Thomas ihr vor einer knappen Woche zu Weihnachten geschenkt hatte. Im hinteren Teil gab es ein paar leere Seiten für Notizen, die sie nun aufschlug. Auf die erste Seite schrieb sie: *Gute Vorsätze*. Nachdem sie eine ganze Weile auf das weiße Blatt mit den zarten Linien geschaut hatte, unterstrich Sibylle die Überschrift und fing an, auf dem Kugelschreiber herumzukauen. Schließlich setzte sie einen Spiegelstrich und schrieb *Weniger streiten* dahinter. Dann gab sie auf und klappte den Kalender wieder zu. Ihr fiel absolut nichts weiter ein, was sie hätte aufschreiben können. Wozu gute Vorsätze fassen, wenn man nicht mal wusste, ob man morgen noch lebte?

Vielleicht sollte ich auch etwas lesen, überlegte Sibylle, während sie Thomas betrachtete. Wie immer, wenn er in ein Buch versunken war, nahm er seine Umgebung nicht mehr wahr. Normalerweise machte sie das rasend, in diesem Moment bewunderte sie diese Fähigkeit eher.

Es ist egal, ob ich ihn beobachte oder nicht, er sieht mich nicht. Sibylle entschied, es ebenfalls mit Lesen zu versuchen, und griff nach ihrem Buch. Doch sie schaffte es nicht, sich zu konzentrieren.

»Wie bringst du es fertig, in so einer Situation so sehr in dein Buch abzutauchen?«, wollte sie wissen.

Thomas sah auf. »Erstens ist es ein gutes Buch, und zweitens halte ich es erst recht nicht aus, nichts zu machen. Also lese ich lieber.« Er senkte wieder seinen Blick.

»Ich kann mich nicht konzentrieren«, sagte Sibylle nach ein paar Minuten.

»Hm.«

»Früher haben wir uns immer gegenseitig vorgelesen«, meinte Sibylle dann. »Weißt du noch?«

»Natürlich weiß ich das.«

»Das war schön.«

Thomas antwortete nicht. Eine Weile schwiegen sie und schauten aneinander vorbei.

»Soll ich dir aus meinem Buch vorlesen?«, fragte er schließlich.

»Ja, bitte.« Sibylle war dankbar für seine Frage.

»Also gut. Dostojewski oder Böll?«

»Böll, bitte.«

»Wird gemacht.«

Thomas schob Sibylles Decke etwas höher über ihre Schultern und streichelte mit seiner Handschuhhand kurz ihre Wange. Sibylle war einen Moment gerührt und kämpfte wieder mit den Tränen. Thomas begann, mit seiner ruhigen, tiefen Stimme zu lesen, Sibylle schloss die Augen.

Nach dem letzten Haus in Söreby kam das freie Feld. Von der Straße war gar nichts mehr zu erkennen, auch Bröderup in der Ferne nicht, zu dicht war das Schneegestöber. Hans empfand den Wind jetzt, ohne den Schutz durch die Häuser, noch stärker als im Dorf selbst. Es war kaum auszuhalten. Er senkte den Kopf, heftete seinen Blick auf den Boden, um nicht unerwartet zu versinken, und stapfte voran, immer geradeaus, wie er dachte. Schnell stellte er fest, dass der Schnee auf der freien Feldfläche deutlich weniger hoch war und er dort viel besser laufen konnte. Irgendwann blieb Hans stehen und blickte auf seine Armbanduhr. Anderthalb Stunden war er schon unterwegs. Eigentlich hätte doch schon längst rechter Hand der Bauernhof auftauchen müssen. Vom Sörebyer Ortsschild war dieser Hof keinen Kilometer entfernt und normalerweise ein guter Orientierungspunkt. Denn einen weiteren Kilometer dahinter ging es linker Hand in die Straße, in der Gunda und ihre Familie wohnten.

Hans schaute verunsichert in alle Richtungen. Hatte er sich verlaufen? Er konnte nicht mit Gewissheit sagen, ob er sich noch auf dem Weg nach Bröderup befand. Er musste sich auf jeden Fall Richtung Norden halten, der Schnee also von der rechten Seite kommen. Hans setzte sich wieder in Bewegung und achtete darauf, den Kopf nicht mehr so stark zu senken, wie er es vorher getan hatte, auch wenn die eiskalten Schneeflocken ihn jetzt unangenehm im Gesicht trafen.

Irgendwann tauchte vor ihm ein Reetdachhaus auf. Es war nicht der Bauernhof, den er gesucht hatte, aber Hans' Herz tat einen Hüpfer, als er erkannte, wo er war: Es war das Haus der Andersens, seiner Putzfrau und ihres Mannes, der vor noch nicht einmal einer Woche bei ihnen den Weihnachtsmann gegeben hatte. Hans verstand nicht ganz, wie das passieren konnte, aber er war tatsächlich weit vom Weg abgekommen. Durchgefroren, wie er war, war er jetzt einfach nur glücklich, etwas Bekanntes zu entdecken. Er brauchte eine Pause von dem Schneesturm und entschied zu fragen, ob er sich aufwärmen dürfte.

Die Haustür lag im Windschatten. »Hallo?« Hans klopfte gegen die Tür.

Frau Andersen öffnete und schaute überrascht. »Ja, Herr Doktor, sind Sie das?« Sie kniff die Augen zusammen. »Ich erkenne Sie ja kaum. Sie sehen aus wie ein Schneemann. Was machen Sie denn hier? Kommen Sie rein, bei uns ist es zwar kalt, aber immer noch wärmer als draußen und vor allem trocken und windgeschützt.« Sie zog ihn am Ärmel in den Flur und schloss die Tür.

»Ich … ich muss zu Gunda. Das Kind kommt.«

»Da haben Sie sich aber ordentlich verlaufen. Na, kommen Sie erst mal rein, hier geht's lang.«

Hans legte seinen Rucksack ab, zog Stiefel und Handschuhe aus und rieb seine eiskalten Hände gegeneinander. Seine Füße waren klatschnass, und er spürte sie überhaupt nicht mehr. Auf nassen Socken folgte er Frau Andersen in das kleine Wohnzimmer. Herr Andersen, drei Pullover übereinander, saß auf dem Sofa und hielt seine Hände an ein paar brennende Kerzen.

»Moin, Herr Doktor, was führt Sie denn zu uns?«

»Ich muss zu Gunda«, wiederholte Hans. »Die Geburt …«

»Jetzt wärmen Sie sich erst mal auf. Wir haben Gott sei Dank einen Camping-Gaskocher, da kann man wenigstens Tee kochen.«

Frau Andersen goss eine Tasse ein und reichte sie Hans. Dampf stieg daraus empor. Hans umfasste die Tasse und nahm dankbar einen Schluck. Er spürte, wie auf schmerzhafte Weise langsam das Leben in seine Finger zurückkehrte.

»Sogar Ihre Augenbrauen sind gefroren«, stellte Frau Andersen fest.

Überrascht fuhr sich Hans mit der Hand über seine Augen und wischte die Eiskristalle weg.

Frau Andersen verließ das Wohnzimmer und kam kurz darauf mit zwei Paar Wollsocken zurück.

»Hier, nehmen Sie die. Mit den nassen Strümpfen können Sie da draußen nicht weiterlaufen. Da fallen Ihnen ja noch die Zehen ab.«

»Danke.« Hans nahm die Socken dankbar in Empfang und tauschte sie sofort gegen die nassen aus.

»Geht Ihr Telefon?«, fragte er dann. »Ich muss mal telefonieren.«

»Telefon funktioniert noch, bitte schön.«

Mit steifen Fingern wählte Hans die Nummer von zu Hause. »Rena, ich bin's. Keine Sorge, es geht mir gut. Ich bin aus Versehen bei den Andersens gelandet. Kannst du bei Gundas Mann Bescheid geben, dass es später wird? Also, bei ihren Schwiegereltern. Ich kenne die Nummer nicht. Ich lauf gleich weiter, sag ihnen, es dauert nicht mehr lang.«

»Wie bist du denn dahin gekommen, die Andersens wohnen doch ganz woanders?«, wunderte sich Rena. »Kein Problem, mach ich. Sei vorsichtig, wenn du weiterläufst.«

»Danke. Grüß die Kinder und deine Eltern. Und macht euch keine Sorgen.« Hans legte wieder auf. »So, ich muss weiter. Ich hab es wirklich eilig.«

Herr Andersen stand auf. »Wir begleiten Sie. Nicht, dass Sie nochmal vom Weg abkommen.«

»Das würden Sie machen?« Hans war erleichtert. »Das wäre sehr nett.«

»Selbstverständlich. Allein bleibt meine Frau hier nicht, und bei den Lausens ist es bestimmt wärmer. Los geht's. Wir ziehen uns nur noch etwas Warmes an.«

Kurze Zeit später brachen die drei auf. Herr Andersen lebte schon seit seiner Geburt in diesem Haus und kannte die Gegend wie kein zweiter. Hans folgte dem großen kräftigen Mann und seiner Frau erleichtert in deren Windschatten. Es war ihm unerklärlich, wie er so weit vom Weg hatte abkommen können.

Währenddessen suchte Rena die Telefonnummer von Gundas Schwiegereltern heraus. Als sie schließlich den Hörer abhob, erklang das Freizeichen nicht mehr. Sie legte wieder auf und probierte es erneut. Aber die Leitung war tot.

Gegen Mittag hatte Willi Moretzka genug davon, in seinem Wohnzimmer zu sitzen und auf die graue Mattscheibe seines Fernsehers zu schauen. Er bekam Hunger. Auch ein Kaffee wäre nicht schlecht, doch aus der Leitung kam nach wie vor kein Wasser. Willi öffnete das Fenster und schaufelte Schnee in eine Metallschüssel, die er, so gefüllt, auf die warme Ölheizung stellte. Bald war der Schnee geschmolzen, und Willi goss von dem Wasser etwas in Raudis Trinknapf und stellte ihn auf den Boden. Der Hund trank gierig. Nun füllte Willi seinen Kaffeebecher mit dem Wasser und ließ ihn auf der Heizung stehen. Er ging in die Küche und öffnete den Vorratsschrank. Nach wie vor stand dort nur eine Dose

Hundefutter. Im warmen Kühlschrank stand die andere, die bereits geöffnet war. Willi nahm einen Löffel und häufte Raudi eine Portion in den Futternapf. Die Dose war noch zu einem Drittel gefüllt, und Willi schaute den Inhalt nachdenklich an. Nein, die restlichen Kekse sollten ihm reichen. Er schob ein paar leere Flaschen auf dem Kühlschrank zur Seite und stellte die Dose ab.

Es wurde Zeit, etwas Alkohol zu trinken, und deshalb begann er wieder mit dem Tropfen. Die Höhe der gesammelten Flaschen hinter dem Vorhang reichte immer noch bis über sein Knie, und Willi griff Flasche um Flasche und hielt sie kopfüber in sein Glas. Egal, ob Korn, Wodka oder Rum, die Reste vermischten sich, und irgendwann war das Glas voll. Willi setzte an und trank die Menge in einem Zug aus. Der Geschmack spielte für ihn keine Rolle. Mit dem Ärmel wischte er sich den Mund ab und machte weiter, bis es für einen zweiten Schluck reichte.

Wenn Willi Moretzka es recht bedachte, fühlte er sich gar nicht schlecht. Sein sonst so vernebelter Kopf war erstaunlich klar. Er könnte so weitermachen, bis alle Flaschen ausgetropft waren, das würde für heute vielleicht reichen. Es war ja ein richtiges Glück, dass er die Flaschen noch nicht fortgeschafft hatte! Er hatte außerdem noch ein paar Kekse vom freundlichen Doktor und ein fast volles Glas Himbeermarmelade. Mit mehr als einer Dose hatte Raudi auf jeden Fall noch genug zu fressen. Wenn es also weiterhin nicht aufhörte zu schneien, dann würde Willi auch heute Nachmittag lieber in seiner Kate bleiben. Und morgen musste dieser verrückte Schneesturm ja wirklich mal ein Ende haben. Wie lange schneite es schon? Moretzka dachte nach. Den dritten Tag schon. So etwas hatte er nicht mal in Russland erlebt. Das war wirklich verrückt. Er griff nach Schnapsglas und Kaffeepulver und ging ins Wohnzimmer. Anderthalb Teelöffel Pulver rührte er in das auf der Heizung warmgewordene Wasser, ließ sich wieder in seinen Sessel fallen und griff nach der Kekstüte. Raudi kam satt aus der Küche und verzichtete auf einen weiteren Anteil süßen Gebäcks, stattdessen nahm er seinen Stammplatz vor der Heizung ein. Willi ließ es sich schmecken und fand, dass der Kaffee recht passabel war. Als er Tüte und Becher komplett geleert hatte, ging er zurück in die Küche und beschäftigte sich wieder mit dem Austropfen seiner Flaschen.

Statt einer Stunde dauerte das Melken mit dem einzigen Weidemelkgeschirr jetzt vier, und das jeweils morgens und nachmittags. Achim Truelsen war es egal, er war froh, dass er seine Kühe richtig leermelken konnte. Viel mehr Sorgen machte er sich jetzt um seine Schweine.

Das Thermometer am Stalleingang war weiter gefallen. Im Schweinestall war es zu kalt und die Luft viel zu schlecht. Achim blieb gar nichts anderes übrig, als ein paar Fenster zu öffnen, um für Frischluft zu sorgen, damit seine Tiere nicht erstickten. Dann ging er zu den Ferkeln, die vor einer Woche geboren worden waren. Ihr Quieken erschien ihm leiser als gewöhnlich. Als er vor den Boxen stand, entdeckte er auf Anhieb zwei tote Tiere.

»Oh nein.«

Er griff die Kadaver heraus. Die Muttersau schien es nicht zu interessieren, auch sie kam Achim angeschlagen vor. Er holte mehr Stroh und hoffte, dass die kleinen Schweine dadurch etwas mehr Wärme bekamen. Ansonsten konnte er nur hilflos zusehen, wie sie froren. Am liebsten hätte Achim sie alle mit ins Haus genommen, aber dort war es mittlerweile mindestens so kalt wie in den Ställen.

Er schüttete Kraftfutter und aufgetautes Wasser in die Tröge und überzeugte sich, dass es keine weiteren toten Schweine gab. Auch den älteren Ferkeln sah er an, dass es ihnen zu kalt war.

Frustriert kehrte Achim ins Wohnhaus zurück. Die Schneise durch den Schnee, die er am Morgen mit dem Trecker im Hof geschlagen hatte, war längst schon wieder zugeweht.

In der eiskalten Küche wurde gerade der Tisch zum Mittagessen gedeckt. Achim reckte die Nase.

»Hmm, das riecht ja gut hier. Was gibt es denn?«

Michaela kam mit Spießen in der Hand zu ihm und gab ihm einen Kuss. »Fleischfondue. Bitte schön, nimm Platz.«

»Das ist ja richtig luxuriös!«

»Was soll daran luxuriös sein?«, grummelte Otto, der schon am Tisch saß.

»Wirst du gleich sehen.« Michaela reichte ihrem Schwiegervater strahlend eine Spießgabel. »Ich habe den ganzen Vormittag vorbereitet: Es gibt vorgekochte Möhren und Bohnen, verschiedene Soßen und kleingeschnittene Fleischstücke vom Schwein und vom Huhn. Wir müssen das alles nur in die heiße Brühe halten. So, jetzt kann's losgehen. Guten Appetit.«

Otto schaute misstrauisch, als Achim als Erster ein Stück Fleisch in die kochende Brühe hielt und bald wieder hervorholte. »Schmeckt sehr gut«, befand dieser.

»Ick moock dor nich mit«, erklärte Otto stur und verschränkte die Arme.

»Mein Gott, Vadder, was ist denn jetzt wieder los? Stell dich nicht so an«, stöhnte Achim. »Dann lässt du es halt bleiben und hast Hunger.«

»Ich will eine Möhre«, redete Arne dazwischen.

»Kriegst du«, erwiderte Michaela. »Hier, halt mal selber den Spieß rein, aber ganz vorsichtig, nicht zappeln.«

»Ick moock dat nich'«, wiederholte Otto.

»Dann lass es bleiben«, entgegnete Gerdi. »Ich mach es für dich. Sturkopp.«

»Bockiger als die Kinder«, meinte Achim.

Michaela verdrehte die Augen, hielt sich aber zurück, während ihre Schwiegermutter Otto den Teller füllte. Eine Weile schaute dieser mit verschränkten Armen auf sein Essen, bis er sich schließlich doch entschied, seine Gabel in die Hand zu nehmen.

»Ich find das gut«, erklärte Carsten kauend. »Können wir das öfter essen?«

»Ich find es auch gut«, sagte Gerdi. »Was meinst du, Otto, das schmeckt doch wunderbar, oder?«

»Ach, laat mi doch in Roh mit eurem Fondue«, erwiderte dieser.

»Mann, Vadder«, stöhnte Achim, »nu' hööр op. Es kann nicht immer nach deiner Schnauze gehen.«

»Warum bist du eigentlich so schlecht gelaunt?«, fragte Michaela. »Uns geht's doch gut. Okay, hier drinnen ist es kalt. Aber wir haben ein Dach über dem Kopf, warme Decken und genug zu essen. Das ist mehr, als andere haben.«

»Uns geht es vielleicht gut, dem Vieh aber nicht«, warf Otto heftig ein.

Am Tisch herrschte kurz Schweigen, und alle starrten auf ihre Teller.

»Stimmt, das tut mir auch weh«, erwiderte Achim dann aufgebracht, »aber ich weiß gerade auch nicht, wie ich das ändern soll. Hast du eine Idee? Dann mach ich das sofort. Immerhin haben wir das Problem mit dem Melken gelöst, auch wenn wir die Milch jetzt wegkippen müssen. Aber die Kühe kriegen wenigstens keine Euterentzündung, und wir müssen uns die Finger nicht allzu sehr verbiegen.«

»Hört bitte auf zu streiten«, ging Gerdi dazwischen.

»Immer diese Tour von ihm, wenn es nicht nach seiner Schnauze geht«, sagte Achim wütend.

»Nicht beim Essen«, sagte nun Otto.

»Genau, nicht beim Essen«, entgegnete Achim. »Deswegen hör jetzt auf und iss, was auf den Tisch kommt. Michaela hat sich so viel Mühe gegeben unter diesen Bedingungen. Das kannst du ruhig würdigen.«

»Jetzt ist gut«, sagte Gerdi bestimmt. »Er würdigt es ja. Siehst du, der Teller ist schon leer. Soll ich dir noch mehr machen?«

Otto grummelte Unverständliches und schaute zur Seite, während Gerdi seinen Spieß bestückte und in die heiße Brühe hielt.

Herr und Frau Andersen führten Hans sicher an sein Ziel. Laut klopfte der Arzt gegen die Haustür von Gundas Schwiegereltern. Er war einerseits nach dem anstrengenden Marsch total erschöpft und andererseits angespannt.

Alfred Lausen öffnete. »Moin, Doktor Fink. Da waren Sie ja flink. Hans Fink, ganz flink, hahaha«, lachte er ironisch. »Na, besser spät als nie, ne?«

»Wie geht es Gunda?«, fragte Hans statt einer Begrüßung. Er wusste, dass Herr Lausen witzig sein wollte, ärgerte sich aber dennoch über den dummen Spruch.

»Noch ist nichts passiert. Und wo kommt ihr her, Georg, Helga?«, fragte Alfred Lausen die beiden anderen. »Seid ihr die Leibgarde?«

»Genauso ist es. Lässt du uns auch rein? Wir frieren nämlich seit Tagen.«

Alfred Lausen machte eine einladende Handbewegung. »Immer rin in die warme Stuuv. Gunda liegt in unserem Schlafzimmer gleich rechts. Meine Frau und mein Sohn sind bei ihr. Kommen Sie, Herr Doktor, geben Sie mir mal Ihre Sachen.«

Im Flur setzte Hans den Rucksack ab und zog Stiefel und Mantel aus. Ihm war durch und durch kalt. Seine Ohren und Finger schmerzten unerträglich. Er holte seinen Arztkoffer aus dem Rucksack und lief in Socken ins Schlafzimmer.

»Moin, Herr Doktor, da sind Sie ja, Gott sei Dank.« Gunda kniete aufrecht auf dem Bett, hielt sich am Arm ihres Mannes fest und hechelte gerade eine Wehe weg.

Hans nahm ihre linke Hand. »Keine Sorge, Gunda, das kriegen wir schon zusammen hin.«

»Mein Gott, ist Ihre Hand kalt. Jetzt tauen Sie doch erst mal auf.«

»Ich koche Ihnen einen Kaffee«, schlug Gundas Schwiegermutter vor. »Haben Sie Hunger? Est ist noch Hühnersuppe da.«

»Oh ja, sehr gern.«

»Dann kommen Sie mal mit.«

Hans folgte Margit Lausen in die Küche und setzte sich an den Küchentisch.

»Da haben Sie aber ganz schön lange gebraucht«, meinte Frau Lausen. »Das war sicher schwierig zu laufen.«

»Ja, das war es. Herr und Frau Andersen haben mich Gott sei Dank begleitet. Ich bin irgendwie bei denen gelandet statt bei Ihnen. Meine Frau hat Ihnen ja sicher Bescheid gegeben.«

»Nee, hat sich nicht. Aber konnte sie wahrscheinlich auch gar nicht, das Telefon funktioniert nämlich schon seit geraumer Zeit nicht mehr. Im Radio haben sie gesagt, die Bundespost musste es abschalten. Die haben nicht mehr genug Batterien für die wirklich wichtigen Leitungen.«

»Wirklich wichtig? Also, wenn meine Leitung nicht wichtig ist ...«

Hans wurde mulmig zumute. Vielleicht waren auch die Notbatterien mittlerweile leer, und deshalb funktionierte das Telefon nicht mehr. Auf jeden Fall konnte er Rena jetzt nicht mehr erreichen und ihr sagen, dass er angekommen war. Sie würde sich Sorgen machen.

»Hier, Ihre Suppe.« Frau Lausen stellte einen dampfenden Teller vor ihm auf den Tisch.

»Danke. Wieso ist es bei Ihnen überall so warm?«

Frau Lausen grinste. »Wir haben Gasheizung und einen Kachelofen im Wohnzimmer. Ich koche auch mit Gas. Wir sind total autark. Auch unser Wasser läuft noch, wenn auch ohne Strom nicht mehr warm. Unsere Nachbarn gegenüber waren schon mit ihrer Pfanne da, um sich hier ein paar Frikadellen zu braten. Die haben uns immer belächelt für unser altmodisches Haus. Jetzt frieren sie in ihrem Neubau.«

Nach der stärkenden Suppe fühlte sich Hans endgültig wieder auf Normaltemperatur und untersuchte Gunda. Das Kind hatte sich immer noch nicht gedreht. Der Muttermund war erst wenig geöffnet; so, wie sich die Lage darstellte, dauerte es mit der Geburt noch eine ganze Weile.

Sibylle war tatsächlich eingeschlafen, während Thomas ihr vorlas. Seine Stimme hatte sie beruhigt. Als sie jetzt aufwachte, war er verstummt, und sie sah, dass er selbst auch schlief. Die Fensterscheiben auf der Fahrerseite und die Windschutzscheibe waren außen mit einer dicken Schneeschicht bedeckt. Sibylle kurbelte die Fensterscheibe auf der Beifahrerseite einen Spalt herunter. Augenblicklich fuhr kalter Wind ins Innere, und Thomas schlug die Augen auf. Sibylle lächelte ihn an.

»Kaffee?«

Er lächelte zurück. »Sehr gerne.«

»Haha, Pech gehabt.«

»Schade, für einen Moment dachte ich, du wolltest mir wirklich einen kochen.«

Sibylle kurbelte die Fensterscheibe wieder hoch. »Nichts würde ich in diesem Moment lieber tun.«

»Wir können den Rotwein trinken«, schlug Thomas vor.

»Jetzt schon? Ist das nicht ein bisschen früh?«

Thomas zeigte auf das Weiß auf ihrer Windschutzscheibe. »Ist doch egal, ob Tag oder Nacht ist für uns.«

»Wir haben keinen Korkenzieher«, bremste Sibylle.

»Ich drück den Korken in die Flasche, Hauptsache, ich kann mich betrinken.« Er drehte sich um und suchte den Wein, den sie in ein Handtuch gewickelt hatten.

»Leider etwas zu kühl für einen Roten«, bemerkte Thomas, als er es sich mit der Flasche und einer Tüte Chips wieder auf dem Fahrersitz bequem machte.

»Egal. Und für Silvester morgen haben wir noch gut gekühlten Sekt«, meinte Sibylle.

»Du wirst sehen, das wird nicht nötig sein. Bis dahin hat man uns längst gefunden.«

»Hoffentlich ... Dann mach ich die Flasche erst recht auf.«

Thomas zog seinen rechten Handschuh aus, entfernte die Folie um den Flaschenhals und begann mit aller Macht, den Korken herunterzudrücken.

Sibylle lachte. »Du hast ein ganz rotes Gesicht bekommen. Dir ist jetzt bestimmt schön warm.«

»Geschafft! Hier, der erste Schluck ist für dich.«

»Danke. Ah, welch edler Tropfen.«

»Mach dich nur lustig.« Thomas nahm einen ordentlichen Schluck. »Ja, doch, da hast du recht. Fehlt nur noch eine Zigarette.«

»Untersteh dich.«

Thomas riss die Chipstüte auf und hielt sie Sibylle hin.

»Danke, nein.«

»Iss mal was, wir haben noch nicht viel gehabt.«

Sibylle schüttelte den Kopf. »Ich möchte nicht, nachher muss ich aufs Klo … Nein, ich habe keinen Hunger.«

»Mir schmeckt's.« Thomas schob sich gleich mehrere Chips auf einmal in den Mund und kaute laut.

»Schmatz mal nicht so.«

»Ist doch egal.«

»Nein, es stört mich.«

»Also gut.« Thomas griff noch einmal in die Tüte, holte eine Handvoll heraus und wickelte die Tüte dann geräuschvoll zusammen. »Vielleicht schreibst du bei deinen guten Vorsätzen mal ›Nicht meckern‹ hin, da wäre ich dir echt dankbar.«

»Das hast du gesehen?«, fragte Sibylle ertappt.

»Glaubst du, ich bin blind?« Thomas schluckte die restlichen Chips herunter.

»Wenn du liest, schon, ja. Totale Scheuklappen.« Sibylle machte mit beiden Händen eine entsprechende Bewegung.

»Tja, da irrst du dich wohl.«

Wieder wurde es still zwischen den beiden.

»Ich schreib erst wieder gute Vorsätze auf, wenn wir hier raus sind«, meinte Sibylle schließlich. »Vielleicht lohnt es sich gar nicht mehr, weil wir hier elendig zugrunde gehen werden. Ist Erfrieren eigentlich ein schöner Tod? Oder muss man doll leiden? Tut es weh?«

»Bille, lass das«, entgegnete Thomas scharf. »Immer lenkst du das Thema in diese Richtung.«

»Vielleicht verdursten oder verhungern wir ja auch. Oder beides. Weil wir hier so lange eingemauert liegen, bis auch das letzte Stück unseres Vorrates aufgegessen sein wird. Wir können nur noch Schnee in unseren Händen schmelzen, weil wir nichts mehr zu trinken haben. Und dabei sterben unsere Finger langsam ab.«

»Sei still!«

»Oder wir ersticken. Hier wird es nach Pisse und Kacke stinken, und wir kriegen das Fenster nicht mehr auf. Irgendwann ist die Luft weg.«

»Hör auf, verdammt noch mal.«

»Nein, ich hör nicht auf! Ich will hier raus, Thomas«, rief Sibylle nun schrill. »Ich will hier raus! So hol uns doch endlich einer hier raus.«

»Beruhige dich, Bille, das bringt doch nichts.« Thomas griff nach ihrem Arm, aber Sibylle wehrte ihn ab.

»Lass mich, ich muss hier raus!« Mit ihren Füßen stieß sie wie wild gegen die Beifahrertür.

»Hör auf, hysterisch zu sein.«

»Aaaaaaaaaaaaaaah«, brüllte Sibylle außer sich und schlug jetzt mit der Faust gegen die Fensterscheibe der Beifahrerseite.

»Beruhige dich, verdammt!«

Thomas versuchte, die Arme seiner Frau zu fassen zu bekommen. Irgendwann schaffte er es, sie zu umarmen und fest an sich zu drücken.

»Jetzt sei still. Man findet uns. Mach dir keine Sorgen, hörst du?«

Sibylle weinte hemmungslos. »Ich hab solche Angst. Ich will hier raus.« Sie schnappte nach Luft. »Ich muss atmen.«

»Ich bin bei dir, okay?« Thomas streichelte ihre Haare, während ihm die Gangschaltung unangenehm tief in seinen rechten Oberschenkel drückte. »Wir sind hier zusammen, und wir stehen das zusammen durch. Jetzt beruhige dich.«

»Hilf mir, ich muss hier weg«, schluchzte sie. Sie zitterte am ganzen Körper.

»Beruhige dich.«

Irgendwann ließ das Zittern nach, Sibylles Atem wurde ruhiger. Thomas hielt sie fest umschlungen, bis es zu dämmern anfing. Schließlich löste er die Umarmung und holte weitere Vorräte nach vorne. Sie aßen schweigend und hörten wieder Radio. Die Berichte der Journalisten wurden immer dramatischer. Thomas stellte das Radio aus.

»Hast du das gehört?«, fragte Sibylle. »Die wissen gar nicht, wie viele Menschen noch in Autos eingeschlossen sind und auf Hilfe warten. Und fast alle Straßen sind unpassierbar. Oh Gott.« Sibylle klang wieder verzweifelt. »Und sie werden in der Nacht nicht suchen. Wie sollen wir hier denn je rauskommen?«

»Ja, aber sie sagen auch, dass der Wind schon ein bisschen nachgelassen hat«, machte Thomas Mut. Er wollte sich nicht gedanklich mit der Wahrscheinlichkeit befassen, dass sie nicht gefunden werden würden.

»Wenn wir hier je lebend rauskommen, Thomas, dann schwör ich dir, dass ich nie wieder meckere.«

Er musste lächeln. »Das ist nett, dass du das sagst. Ich verspreche dir, ich werde dann nie wieder in deiner Gegenwart in einem Buch versinken.«

Gemeinsam leerten sie die ganze Flasche Wein, und in Sibylles Kopf stellte sich ein beruhigend nebliges Gefühl ein. Am liebsten hätte sie auch noch die zweite Flasche aufgemacht, in der Hoffnung auf das perfekte Delirium. Dann aber dachte sie daran, wie unpraktisch das Pinkeln im Auto für sie war, und ließ es lieber bleiben.

Am Nachmittag schaute Willi Moretzka von seinem Sessel aus zum Fenster. Unmöglich, dachte er, es muss doch mal aufhören. Er schaffte es nicht, sich aufzuraffen und aus dem Haus zu gehen, sondern hoffte mittlerweile, dass irgendeine Art von Wunder geschah. Vielleicht kämen die Nachbarn vorbei und brachten etwas zu essen. Und zu trinken. Willi wusste, dass es nicht passieren würde. Die nächsten Nachbarn waren hundert Meter weg, und er hatte in den letzten Jahren nicht gerade dazu beigetragen, dass man sich nett unterhielt oder gar füreinander sorgte.

Als es anfing zu dämmern, war Willi entschieden, auch heute nicht mehr zum Spar-Meier zu laufen. Ihm schauderte bei dem Gedanken, ins Schneetreiben hinausgehen zu müssen. Das hatte er in seinem Leben schon zur Genüge gehabt, und daran wollte er nicht erinnert werden. Überhaupt war es unwahrscheinlich, dass es morgen früh immer noch schneien würde. So etwas hatte es in Norddeutschland schließlich noch nie gegeben. Und dann würde er sich gleich am Vormittag auf den Weg machen. Jawohl. Irgendwann musste doch mal Schluss sein mit diesem verflixten Schneesturm.

Willi spürte, dass er wieder Alkohol benötigte, um ruhig zu bleiben. Seine Hand fing an zu zittern. Er ging in die Küche, und Raudi folgte. Der Küchenfußboden war übersät mit ausgetropften Flaschen, gleich die erste neben der Tür fiel laut klirrend um, und in einem Dominoeffekt folgten weitere.

»Aaaah.« Willi zuckte zusammen und hielt sich die Ohren zu.

Raudi bellte.

Als das Klirren verstummt war, atmete Willi tief durch und lief vorsichtig weiter zum Kühlschrank, ohne noch einmal gegen Glas zu stoßen. Die Scherben auf dem Boden kümmerten ihn erst einmal nicht. Er griff nach der Hundefutterdose auf dem Kühlschrank und füllte einen Teil davon in Raudis Fressnapf. Nachdenklich stocherte er mit der Gabel im Rest herum, während Raudi seinen Napf leerte. Dann fiel Willi ein, dass noch Himbeermarmelade im Kühlschrank war. Er gab Raudi den Rest aus der Dose, öffnete die Kühlschranktür und holte die Marmelade heraus. Ganz warm war sie geworden. Willi nahm einen Löffel und genoss die Süße auf seiner Zunge. Dann stellte er die leeren Flaschen vom Küchentisch auf den Fußboden und holte neue hinter dem Vorhang hervor. Mittlerweile musste er sich tief bücken, um die Flaschen zu greifen. Eine nach der anderen nahm er, setzte sich an den Tisch und öffnete zitternd die Verschlüsse. Als er die letzte Flasche ausgetropft hatte, nahm er das Marmeladenglas und löffelte es ganz leer. Mit dem Zeigefinger fuhr er ins Glas hinein und holte auch den letzten Rest aus den Ecken, den er sich mit dem Finger in den Mund steckte. Danach hatte er immer noch Hunger.

Mittlerweile war es dunkel geworden. Willi blieb noch ein Weilchen sitzen, bevor er sich erhob und sich vorsichtig tastend Richtung Schlafzimmer bewegte. Wieder stieß er eine Flasche auf dem Fußboden um, es klirrte, aber es blieb bei dieser einen, und sie zerbrach nicht.

Erschöpft legte Willi Moretzka sich in sein Bett. Der Tag hatte ihn gefordert, obwohl er doch außer Austropfen nichts getan hatte. Willi machte sich nicht die Mühe, in der Dunkelheit seine Kleidung auszuziehen, und deckte sich einfach zu.

Morgen blieb ihm keine Wahl. Er hatte weder etwas zu essen noch etwas zu trinken im Haus. Keinen Strom und kein fließendes Wasser. Morgen würde er aufbrechen, komme, was wolle.

Hans ermunterte Gunda, ein bisschen herumzulaufen. So richtig voran ging es noch nicht, und der Arzt stellte sich auf eine lange Geburt ein. Er war etwas nervös, ließ es sich aber – so hoffte er – nicht anmerken. Ein Kind in Steißlage auf die Welt zu bringen, ohne die Möglichkeit, im Zweifelsfall einen Kaiserschnitt zu machen, war eine besondere Herausforderung, dessen war er sich bewusst. Es wäre ideal, Gunda noch irgendwie in die Klinik nach Flensburg zu bringen, auch um des Frühchens willen, aber Hans hatte keine Ahnung, wie. Das Telefon ging nicht, und es war bereits dunkel. Bei dem Sturm sollte niemand vor die Tür gehen. Hans konnte ja nicht ahnen, dass fast die gesamte Ärzteschaft aus dem Flensburger Krankenhaus nur einen Kilometer von ihm entfernt festsaß und mit Doktor Schaupe ein Fachmann unter ihnen war. Hans ging davon aus, dass er es allein bewerkstelligen musste, und er war bereit, sich der Aufgabe zu stellen.

Im Krog wurden mit Einbruch der Dämmerung weitere Kerzen und Petroleumlampen angezündet und auf den Tischen im mollig-warmen Gastraum verteilt. Knapp dreißig Personen saßen hier fest, und sie machten schon den ganzen Tag das Beste daraus. Es herrschte eine entspannte, geradezu ausgelassene Stimmung. »Besser als jede Hochzeitsfeier«, hatte einer aus der verhinderten Hochzeitsgesellschaft gestern Abend treffend festgestellt.

Als Kirsten und Ernst Jachmann nach tiefem Schlaf am Morgen in ihrem Gästezimmer erwachten, fühlten sie sich pudelwohl. Zwar war es in dem Raum selbst kalt, aber unter dem riesigen Berg aus Daunendecken hatten sie nicht gefroren und sich von ihrem Busabenteuer gut erholt. Als sie schließlich in den warmen Gastraum kamen, war schon eine lange Frühstückstafel gedeckt.

Von allem war mehr als genug da: Brötchen, Aufschnitt, Käse, Marmelade, Eier, sogar Fisch. Gemütlich frühstückten alle zusammen, danach half jeder, der Lust hatte, beim Aufräumen und Abspülen in der Küche. Alle waren spätestens seit dem Vorabend mit dem köstlichen Abendessen per Du, es wurde gelacht und erzählt. Am Kachelofen waren Spiele auf den Tischen ausgebreitet, und wer wollte, setzte sich dazu und machte mit bei Skat, Halma, Mensch-ärgere-dich-nicht oder Malefiz. Für jedes Spiel fanden sich genügend Interessenten. Am Nachmittag wurden der immer noch in großen Mengen vorhandene Kuchen und heißer Kaffee und Tee in den Gastraum gebracht, und man konnte sich nach Herzenslust bedienen.

»Ich fühle mich wie im Urlaub«, sagte Ursel Schaupe zu Kirsten Jachmann, während sie genüsslich die Gabel in den Bienenstich stach. »Wir sind wie in Watte gepackt, abgeschirmt von der Außenwelt, haben es warm und gemütlich, und es sind lauter nette Leute da. Von mir aus kann der Schneesturm noch ein bisschen andauern.« Sie schob sich einen großen Bissen in den Mund.

Kirsten nickte. »Ja, aber wenn es nach unseren Männern geht, dann sind wir hier bei der nächstbesten Gelegenheit weg. Guck mal«, sie wies mit dem Kinn in Richtung ihrer beiden Ehemänner, die diskutierend zur Tür hineinkamen, »da kommen sie zurück. Die werden jetzt schon was organisieren, damit sie in ihr Krankenhaus kommen.«

»Na, bis jetzt hat das ja nicht geklappt«, mampfte Ursel.

Gegen Mittag waren Ernst Jachmann und Rolf Schaupe durch das Schneetreiben das kurze Stück zum Haus des Wehrführers gelaufen und hatten mit ihm über Funk Kontakt mit dem Krisenstab in Schleswig aufgenommen. Bei Heinz Schröder liefen alle Fäden zusammen, er hatte eine richtige Kommandozentrale für Bröderup und Umgebung in seinem Wohnzimmer eingerichtet. Mehrere Kollegen von der freiwilligen Feuerwehr waren ebenfalls vor Ort. Das Notstromaggregat aus dem Gemeindehaus lief mittlerweile bei ihm, sodass es Strom und Heizung gab. Hin und wieder schauten auch Nachbarn vorbei, die sich aufwärmen oder etwas kochen wollten.

Da die Ärzteschaft im Krankenhaus dringend gebraucht wurde, hatte die Rückführung der in Bröderup Gestrandeten höchste Priorität, sagte der Krisenstab. Nur wie sollten sie nach Flensburg kommen? Etwas frustriert waren die beiden Männer in den Krog zurückgekehrt.

»Am besten sollten wir mit einem Hubschrauber ausgeflogen werden«, berichtete Rolf Schaupe nun. »Das ginge am schnellsten und einfachsten.«

»Oh, nee«, widersprach Kirsten sofort. »Bei dem Wetter steig ich in keinen Hubschrauber. Ich bin doch nicht lebensmüde. Ich bleibe lieber hier.«

»Beruhige dich«, antwortete ihr Mann. »Die wollen und können bei dem Wetter gar nicht fliegen. Solange es so schneit und stürmt, ist der Hubschrauber keine Option.«

»Sondern?«

»Eine weitere Möglichkeit, die diskutiert wird, ist per

Schiff.« Ernst schüttelte den Kopf. »Aber das glaube ich gar nicht, dass das bei dem Wellengang auf der Ostsee und der eisigen Luft funktionieren kann. Damit rechne ich nicht.«

»Ich gehe bei dem Wetter auch nicht auf ein Schiff, das kannst du vergessen«, stellte Kirsten klar.

»Wie sollen wir also nach Hause kommen?«, wollte Ursel wissen.

»Mit Panzern«, erklärte Rolf. »Das ist zumindest jetzt der Plan. Aber ihr glaubt ja nicht, wie viele Autos im Schnee feststecken. Die Bundeswehr ist damit beschäftigt, die Leute da erst mal herauszuholen. Und dann müssen noch die Montagetrupps an die kaputten Stromleitungen kommen. Das geht ja auch nicht einfach so. Also kurzum, es gibt gerade überhaupt keine verfügbaren Panzer in der Nähe von Bröderup. Das haben wir ja schon im Bus gemerkt.«

»Das heißt, es wird noch ein Weilchen dauern?«, wollte Kirsten wissen.

»Sieht ganz so aus«, erwiderte Ernst. »Aber Panzer sollen irgendwann kommen. Es wird wirklich höchste Zeit. Wir können unsere Kollegen auf Station doch nicht noch länger im Stich lassen.«

»Gut.« Ursel stand auf. »Aber wenn heute noch kein Abflug möglich ist, dann gehe ich jetzt mal in die Küche und schaue dem Koch über die Schulter. Da kann ich bestimmt noch was lernen. Hast du auch Lust, Kirsten? Wir können uns sicher nützlich machen. Ich freu mich schon auf das Abendessen.«

»Kommen Sie, Herr Doktor, Sie sollten mal was essen«, forderte Margit Lausen gegen acht Uhr Hans auf. »Wir alle sollten das tun. Ich habe in der Küche den Tisch gedeckt.«

»Danke, ich habe keinen Hunger«, japste Gunda. Der Abstand der Wehen hatte sich mittlerweile verkürzt.

»Ich möchte auch nichts essen«, lehnte Sven ab. »Geht ihr nur, ich bleibe bei Gunda.«

In dem Schlafzimmer waren zahlreiche Kerzen aufgestellt worden, die neben etwas Lichtausbeute eine gemütliche Stimmung schufen. Gunda lief abwechselnd herum oder legte sich hin, nur um bei der nächsten Wehe wieder aufzustehen. Sven folgte ihr auf Schritt und Tritt und hielt ihre Hand fest.

Hans ging mit Margit Lausen in die Küche, wo bereits ihr Mann sowie Georg und Helga Andersen saßen.

»Sie sind auch noch hier, das ist ja eine Überraschung«, stellte Hans erfreut fest.

»Alfred hat uns überzeugt, dass wir in der Dunkelheit besser nicht zurücklaufen sollten. Wir sind auch sehr froh, dass wir es hier warm haben. Und wer weiß, wofür es gut ist«, antwortete Georg Andersen vergnügt im flackernden Kerzenschein. »Vielleicht können wir noch helfen.«

»Jetzt greift alle zu«, forderte Margit Lausen auf. »Möchte jemand ein Bier?«

»Danke, nein, ich bleibe lieber nüchtern«, lehnte Hans ab, schmierte sich aber gerne eine dicke Scheibe Brot mit viel Butter und Leberwurst.

»Was meinen Sie, Herr Doktor«, wollte Alfred Lausen wissen, »wird es noch lange gehen mit der Geburt?«

»Davon ist auszugehen«, erwiderte Hans. »Wir sollten uns alle auf eine lange Nacht einstellen.«

»Ich kann sowieso nicht schlafen«, meinte Frau Lausen. »Das erste Enkelkind, und das unter diesen Umständen.«

»Das wirst du schon aushalten«, lachte Helga Andersen.

»War nicht Kaiser Wilhelm der Zweite auch eine Steißgeburt?«, fragte Alfred Lausen weiter. »Ich habe mal gehört, dass er deswegen seinen linken Arm überhaupt nicht bewegen konnte.«

»Was du alles weißt.« Margit Lausen schüttelte ungläubig den Kopf.

»Ja, das stimmt«, bestätigte Hans. »Bei einer Steißlage muss man besonders vorsichtig sein. Aber machen Sie sich keine Sorgen, ich habe das im Hinterkopf.«

Aus dem Schlafzimmer hörte man einen lauten Schrei und danach Gunda jammern. Hans steckte den Rest seines Brotes in den Mund und stand auf. »Ich denke, ich gehe mal wieder zur Gebärenden.«

Im Schlafzimmer fluchte Gunda. »Mein Gott, wenn ich das gewusst hätte, hätte ich mir das mit dem Kinderwunsch noch mal überlegt.«

»Bis zum zweiten Kind werden Sie es wieder vergessen haben«, prophezeite Hans.

»Ich bin wirklich nicht zu beneiden. Welche Frau kriegt schon zu Hause und ohne Hebamme ihr Kind, dafür aber mit ihrem Chef, ihrem Mann und ihrer Schwiegermutter?«

»Jetzt bin ich nicht Ihr Chef. Jetzt will ich mich einfach nur gut um Sie kümmern, genau wie Ihre Schwiegermutter übrigens. Und Ihr Mann macht es doch auch prima.«

Hans untersuchte den Muttermund und konnte einen kleinen Fortschritt vermelden. »Es wird schon, aber denken Sie daran, Ihr Kind ist klein, fünf Wochen zu früh und will mit dem Po zuerst raus. Das geht nicht so schnell. Wir müssen weiter Geduld haben. Jetzt höre ich mal die Herztöne ab.«

Er hielt das Hörrohr an Gundas Bauch und lauschte konzentriert.

»Alles gut, keine Auffälligkeiten, das ist prima«, stellte er erleichtert fest.

»Auuuuuua«, stöhnte Gunda, als die nächste Wehe kam. »Ich muss wieder aufstehen.«

»Machen Sie, was Ihnen guttut«, bestärkte Hans sie.

Über Stunden änderte sich nicht viel. Sven kümmerte sich rührend um seine Frau, während Hans irgendwann in dem Sessel in der Ecke des Schlafzimmers saß, wo ihm regelmäßig die Augen zufielen. Bei jeder Wehe, die Gunda lautstark wegatmete, schreckte er zusammen und riss die Augen wieder auf.

»Schlafen Sie ruhig weiter, Chef«, beruhigte ihn Gunda, während Sven ihr den Rücken massierte. »Sie haben noch nichts verpasst.«

Auch Margit Lausen schaute regelmäßig vorbei, während ihr Mann sich auf das Sofa im Wohnzimmer zurückgezogen hatte. Georg und Helga Andersen bekamen das alte Kinderzimmer von Sven zugewiesen.

»Leg dich hin, Mutti«, forderte Sven sie auf. »Wir geben dir schon Bescheid, sobald wir deine Hilfe brauchen.«

»Ich kann aber nicht schlafen.«

»Wir werden Sie schon noch in Anspruch nehmen, keine Sorge«, meinte Hans. »Aber so lange können Sie sich noch etwas entspannen.«

Margit Lausen schaute unsicher von ihrem Sohn zum Doktor. »Also gut«, seufzte sie. »Ihr könnt mich wirklich jederzeit holen.«

Als der Morgen zu grauen anfing, ging es endlich voran. Die Wehen kamen in immer kürzeren Abständen, und Gunda hörte nicht auf, vor Schmerzen zu schreien und zu fluchen. Keiner im Haus konnte mehr schlafen. Margit Lausen steckte den Kopf durch die Tür.

»Kann ich jetzt etwas tun?«, fragte sie.

»Ja, das können Sie. Setzen Sie Wasser auf«, antwortete Hans. »Hier, nehmen Sie die Schere und die Klemmen, sie müssen ausgekocht werden. Und haben Sie noch Kerzen oder Taschenlampen? Wir brauchen mehr Licht.«

Die Müdigkeit, die Hans in den letzten Stunden noch gespürt hatte, war einer hohen Anspannung gewichen. Er musste jetzt sehr konzentriert sein, durfte sich keinen Fehler erlauben. Denn sein Spielraum war klein. Er durfte am Kind erst anfassen, wenn er dessen Schulter sah. Tat er es zu früh, konnte er dem Baby irreparable Schäden zufügen. Zögerte er zu lange, würde vielleicht die Nabelschnur abgedrückt, und es bekam zu wenig Sauerstoff.

Gunda hockte auf dem Bett, hielt sich an Sven fest und atmete schwer.

»Jetzt ordentlich pressen, Gunda, los geht's«, spornte Hans sie an.

»Mach ich doch.«

Ihre Schwiegermutter kam mit dem heißen Wasser.

»Frau Lausen, ich brauche mehr Licht. Halten Sie meine Taschenlampe«, wies Hans sie an. »Noch mehr pressen, Gunda. Weiter so, kommen Sie, ich kann schon den Po sehen.«

»Ich kann nicht mehr!«

»Doch, können Sie. Weitermachen.«

»Aaaaaaaah.«

»Noch mal pressen, gleich haben Sie es geschafft.«

Hans erkannte die Schulter und griff beherzt zu, um das Kind vorsichtig herauszuziehen.

»Ein Mädchen«, sagte er, kaum dass er es in den Händen hielt. Es blieb still.

Hans gab dem winzigen Säugling einen Klaps, und es funktionierte, ein zartes Schreien war zu hören. Hans fiel ein Stein vom Herzen. Die erschöpfte Gunda nahm ihr Kind dankbar in Empfang. Sven kuschelte sich an seine Frau und betrachtete im Kerzenschein fasziniert seinen Nachwuchs. »Wie klein sie ist.«

»Eine Klemme, bitte, Frau Lausen«, machte Hans weiter.

Margit Lausen reichte das gewünschte Stück, und Hans band die Nabelschnur ab.

»Die Schere, bitte.«

Margit Lausen hielt sie ihrem Sohn hin. »Das macht bestimmt gerne der frischgebackene Vater.«

Mit unsicherer Hand nahm Sven die Schere und schnitt die Nabelschnur durch.

»Wie soll es denn heißen?«, wollte Hans wissen.

»Svenja«, antwortete Gunda mit seligem Blick.

Nachdem die Nachgeburt sich gelöst und Hans sie auf ihre Vollständigkeit überprüft hatte, brachte Frau Lausen ihre Küchenwaage, und Hans legte den Säugling vorsichtig in die Schale.

»2300 Gramm, das ist nicht allzu viel«, stellte er fest. »Wir werden die kleine Svenja gut im Blick behalten müssen und schauen, wie sie sich entwickelt und trinkt. Es wäre schon gut, sie käme bei nächster Gelegenheit noch zur Beobachtung ins Krankenhaus. Und die junge Mutter auch.«

»Ich glaube, es geht mir ganz gut«, widersprach Gunda.

»Das sagen Sie jetzt in Ihrer Euphorie über Ihre süße Tochter«, meinte Hans. »Ich denke, wir haben die Situation fürs Erste gut gemeistert. Trotzdem sollten wir, sobald es irgendwie möglich ist, auf Nummer sicher gehen.«

»Nur wie soll die Kleine überhaupt trinken?«, fragte Gunda. »Ich habe wegen der ganzen Liegerei in den letzten Wochen noch gar kein Milchpulver gekauft. Was mach ich denn jetzt?«

»Na, das, was alle Mütter getan haben, bevor es Milchpulver gab«, antwortete ihre Schwiegermutter ungerührt. »Du stillst.«

6
Sonntag, 31. Dezember 1978

Katastrophenalarm in weiten Teilen Schleswig-Holsteins. Bei anhaltenden Schneefällen wird im nördlichsten Bundesland die Lage für die in Dörfern und auf Höfen eingeschlossenen Menschen immer bedrohlicher. 65 Dörfer sind von der Außenwelt abgeschnitten und ohne Strom.

Lebensgefährlich ist die Lage vor allem für ältere Menschen und Kranke. Mit der Stromversorgung ist meist auch die Heizung ausgefallen. Rettungs- und Versorgungstrupps erreichten heute nur wenige der Eingeschlossenen. Auch für viele Landwirte, die zur Versorgung ihres Viehs auf Strom angewiesen sind, hat das Schneechaos schlimme Folgen. Transporthubschrauber versuchten den ganzen Tag über, Notstromaggregate in die abgeschnittenen Dörfer zu fliegen. Die anhaltenden Schneestürme verhinderten dies. Morgen wollen Fahrzeugkonvois versuchen, zu den Ortschaften durchzukommen.

Seit der vergangenen Nacht kämpfen 2700 Soldaten, über 4000 Polizisten und Tausende von Hilfskräften gegen die Schneemassen. 700 Militärfahrzeuge sind im Katastrophengebiet unterwegs. Mit Bergungspanzern versucht die Bundeswehr, zu eingeschneiten Fahrzeugen durchzukommen. Über 500 Menschen konnten bisher geborgen werden, einige von ihnen mussten mit Unterkühlungen ins Krankenhaus.

Noch haben wir keinen Überblick, so hieß es aus dem Krisenzentrum in Kiel, wie viele Fahrzeuge noch in den meterhohen Schneewehen stecken. Der größte Teil der Straßen Schleswig-Holsteins ist immer noch unpassierbar. In einigen Kreisen herrscht für den privaten Pkw-Verkehr striktes Fahrverbot. […] Autoreisende, die sich in Dänemark aufhalten, werden dringend davor gewarnt, sich in Richtung Süden durchzuschlagen. […]

Seit fast 60 Stunden peitschen orkanartige Stürme das Ostseewasser gegen die Küste.

Tagesschau, 31.12.1978

*

Was für ein Tag war heute? Willi Moretzka lag im Dunkeln in seinem Bett und überlegte. Sonntag. Es musste Sonntag sein. Der letzte Tag des Jahres. Der Spar-Meier hatte natürlich geschlossen, aber Willi war zuversichtlich, dass das kein Problem darstellen würde. Das war es in der Vergangenheit nicht gewesen, und unter diesen besonderen Umständen würde der Spar-Meier die Tür ganz sicher für ihn öffnen. Schließlich war er Stammkunde. Wenn da nicht dieses vermaledeite Geheul des Windes wäre. Das durfte einfach nicht wahr sein.

Willi lag schon lange wach und wartete nur darauf, dass der Tag anbrach und er im ersten Morgenlicht endlich aufstehen konnte. Doch der Wind hatte von seiner Kraft noch nichts eingebüßt, und Willi fürchtete, dass es auch nach wie vor schneite. Als der Morgen endlich graute, richtete Willi sich auf und warf einen prüfenden Blick zum Fenster.

Tatsächlich, es schneite immer noch wie wild. Willi ließ sich zurückfallen. Er schloss die Augen und versuchte, noch einmal einzuschlafen. Es funktionierte nicht, denn langsam kehrte das Zittern zurück und bemächtigte sich seiner Gedanken. Außerdem knurrte sein Magen.

Irgendwann stand Raudi an seinem Bett und stupste ihn mit seiner Schnauze freundlich an.

»Ich komme ja«, murmelte Willi unwillig.

Der Hund hielt eine Weile still, bis er zu winseln anfing und sein Herrchen erneut stupste.

»Ja, ja, ist gut.«

Schwerfällig richtete Willi Moretzka sich auf. Ihm

war kalt. Raudi wedelte begeistert mit dem Schwanz und lief zur Schlafzimmertür. Willi folgte langsam. Am Morgen dauerte es einfach, bis er in Schwung kam. Im Flur öffnete er die Haustür und schaute erneut auf eine weiße Wand dahinter.

»Komm, Raudi, es geht wieder über das Fenster.«

In der Küche fielen Willi die vielen Flaschen auf, die auf dem Küchentisch, dem Kühlschrank, dem Herd und vor allem auf dem Boden herumstanden. In der Abseite befand sich keine einzige mehr.

Ich muss aufräumen, dachte Willi, aber erst muss ich etwas essen.

Er öffnete seinen Vorratsschrank. Eine Dose Hundefutter. Mit viel frischem Rindfleisch, versprach das Etikett. Willi holte eine kleine Schale, nahm den Öffner und löste den Deckel. Ein Löffel landete in Raudis Fressnapf, ein weiterer in der Schale. Willi führte sie zur Nase und roch. Wenn er daran dachte, was für ein Zeug er im Krieg verschlungen hatte, dann war das hier dagegen ein Festmahl. Er löffelte die Schale leer und nahm noch Nachschub. Danach fühlte er sich satt. Die nur noch zu einem Drittel gefüllte Dose blieb auf dem Küchentisch stehen.

Nachdenklich schaute Willi auf das Chaos in seiner Küche. Ich muss aufräumen, dachte er wieder. Er griff nach der erstbesten Flasche auf dem Tisch und drehte sie um. Kein Tropfen fiel heraus, er hatte sie schon am Vortag restlos ausgeleert. Willi nahm die nächste, streckte seine Zunge heraus und hoffte auf einen beruhigenden Tropfen. Irgendwann hatte er jede einzelne Flasche auf dem Tisch in der Hand gehabt, ohne Erfolg. Er war wirklich gründlich gewesen.

Eine große Unruhe überkam ihn. Er musste trinken, sonst würde er noch verrückt werden. Willi lief ins Wohnzimmer, direkt zur Kommode und riss die Türen auf. Eine stattliche Zahl leerer Flaschen fiel polternd zu Boden.

Wusst' ich's doch. Willi ging auf die Knie und fühlte sich, als hätte er einen Schatz gehoben. Ungeduldig drehte er die Verschlüsse auf und hielt die Flaschen der Reihe nach über seine Zunge. Schließlich leckte er jeden einzelnen Flaschenhals ab.

Er kam sich würdelos vor. Willi sank zu Boden, lehnte sich gegen die Kommode und schloss die Augen. Er sah sich selbst als jungen Mann die Schranktüren aufreißen und die Kleidung herausziehen. Schnell packen, schnell, und dann nichts wie weg, bevor die Russen kommen! In Windeseile griffen er und Greti nur nach dem Nötigsten. Viel warme Kleidung, denn es hatte geschneit, die Temperaturen waren tief unter null. Das dünne Goldarmband, das Greti von ihrer Mutter geerbt hatte. Flink hatte sie am Saum ihres Rocks die Naht etwas geöffnet, das Armband hineingezogen und das Loch wieder zugenäht. In der Küche packten beide ihre Vorräte ein, da rief schon der Gutsherr: »Jetzt geht es los!« Die Sonne schien, der Schnee glitzerte. Ein wunderschöner Tag, der kein Unheil erahnen ließ. Willi schloss die Tür ihres kleinen Häuschens ab und steckte den Schlüssel in die Hosentasche. Noch glaubte er, dass sie zurückkehren würden, irgendwann. Dann setzten sie Marie auf den einzigen Pferdewagen zu den anderen Kindern. Greti legte Wilhelm daneben, gerade mal zwei Monate alt. Der Gutsherr verbot ihr, dass sie sich dazusetzte, es gäbe nicht genug Platz. Also stieg sie die Stufe wieder hinunter, und schon setzte sich der Tross, bestehend aus der Gutsfamilie, ihren Angestellten und einigen Nachbarn, in Bewegung. Der Gutsherr und sein Gutsverwalter ritten vorneweg. Willi nahm Gretis Hand, und sie liefen direkt hinter dem Pferdewagen her, Greti den Blick fest auf das Bündel gerichtet, das ihr frisch geborener Sohn war.

Das Zittern ließ nicht nach, und Willi riss seine Augen auf. Mit einer ungelenken Handbewegung versuchte er, seine Erinnerungen zu verscheuchen. Mühevoll rappelte er sich auf. Er ging ins Schlafzimmer und öffnete den Kleiderschrank. Ganz unten fand er vier ausgetrunkene Flaschen. Im Flur sah er im Schränkchen nach und entdeckte zwei weitere. Ungeduldig kippte er alle der Reihe nach um und ließ die wenigen Tropfen direkt auf seine Zunge fallen.

Willi Moretzka versuchte, seinen Körper und Geist unter Kontrolle zu bekommen. Es würde wieder aufhören zu schneien, ganz bestimmt. Es war noch nie anders gewesen. Nach Regen kam die Sonne. So war es auch bei Schnee. Irgendwann kam die Sonne. Willi musste nur noch ein bisschen Geduld haben.

Thomas schlug die Augen auf. Nichts als Weiß umgab ihn. Er streckte den Arm aus und kratzte mit dem Finger auf der Windschutzscheibe herum. Sie war nun auch von innen komplett vereist. Thomas stieß eine Atemwolke aus und stöhnte leise auf. Wie kalt es war. Sein ganzer Körper tat ihm weh, sein Kopf dröhnte. Da fiel ihm ein, dass sie Frischluft brauchten. Voller Angst fuhr er hoch und überprüfte die Scheibe der Beifahrertür. Auch dort hatte sich eine Eisschicht gebildet. Thomas kratzte sie mit dem Eiskratzer ab und drehte an der Kurbel, um das Fenster zu öffnen. Er schaffte nur noch etwa fünf Zentimeter. Es reichte, um zu sehen, dass der Schneesturm unvermindert anhielt.

»So ein Mist, verdammter Mist.«

»Was ist los?«, fragte Sibylle verschlafen aus dem Kofferraum.

»Alles voller Eis.« Thomas zog seinen Handschuh an und mühte sich, mit der rechten Hand vor dem Fenster etwas Freiraum im Schnee zu schaffen. Dann drehte er weiter am Fensteröffner hin und her und machte einen Zentimeter gut.

»Mehr geht nicht«, stellte er frustriert fest. »Und es schneit und stürmt immer noch.«

»Wir werden elendig verrecken«, jammerte Sibylle. »Ich hab das Gefühl, dass ich stinke, wir stinken und verfaulen von innen.«

»Fang nicht wieder damit an, das hilft nichts«, entgegnete Thomas gereizt und kurbelte das Fenster wieder hoch. »Noch leben wir ja.« Aber er spürte selbst längst keinen Optimismus mehr.

»Mir ist so kalt. Ich friere. Ich zittere. Hörst du es? Meine Zähne klappern.«

»Mir ist auch kalt«, grummelte Thomas. »Komm, wir essen was. Das hilft.«

»Ich habe keinen Hunger. Und die Cornflakes sind alle.«

»Dann essen wir eben was anderes. Guck doch mal.«

Sibylle kroch zu den Lebensmittelkisten und nahm mit zittrigen Händen die Handtücher weg, mit denen sie sie abgedeckt hatten. Die leicht zu essenden Vorräte hatten sich seit ihrer unfreiwilligen Gefangennahme schon deutlich reduziert.

»Ein kleiner Rest Milch. Das ist unser letzter Karton. Ein Liter Orangensaft ist noch da.«

»Nehm ich«, sagte Thomas.

»Aber trink nicht alles. Wir müssen sparsam mit den Getränken sein«, Sibylle reichte den Saftkarton nach vorne. »Sonst haben wir nämlich nur noch eine Flasche Rotwein und eine Flasche Sekt.«

»Das reicht für die Party heute Abend.« Thomas lachte bitter. »Und danach haben wir ja immer noch genügend Schnee.«

Sibylle schaute ihn böse an. »Hör bitte auf. Mir ist nicht nach Lachen zumute. Und schon gar nicht nach Feiern. Bevor wir feiern, sind wir erfroren.«

»Okay, okay«, beschwichtigte Thomas. »Das ist mein Galgenhumor. Was haben wir noch?«

»Einen Kohlrabi. Der ist bestimmt ziemlich hart zum Reinbeißen. Drei Möhren. Hier«, Sibylle griff nach einer Keksrolle, »unsere letzten Kekse. Das ist doch gut zum Frühstück.«

Sie kletterte nach vorne auf den Beifahrersitz. »Ich muss mal.«

»Jetzt, vorm Frühstück?« Thomas riss die Keksrolle auf.

»Wart halt noch einen Moment. Ich hab selbst keine Lust drauf.«

»Okay.« Thomas wandte sich mit dem Oberkörper Richtung Fahrertür. »Ich schau weg, kannst loslegen.«

Seit dem Stromausfall war die Temperatur im Hause Truelsen in allen Zimmern kontinuierlich gefallen. Mittlerweile betrug sie nur noch fünf Grad. Im Bad war es sogar noch kälter. Achim und Michaela lagen nachts in mehreren Schichten Kleidung eng aneinandergeschmiegt mit ihren beiden Söhnen im Ehebett und wärmten sich gegenseitig. Wenn sie nicht gerade im Stall waren, was den größten Teil des Tages in Anspruch nahm, verbrachten sie mit Jacke, Mütze, Schal und Handschuhen die Zeit zusammen mit Gerdi und Otto im Wohnzimmer, auch, um in der Dunkelheit Kerzen zu sparen, denn langsam, aber sicher ging ihr Vorrat daran zur Neige.

Die Kinder schwankten zwischen Bewegungsdrang und Frieren. Ins Bett wollten sie nicht. Michaela breitete zwei Wolldecken über den Esstisch im Wohnzimmer aus, sodass unter dem Tisch durch die herunterhängenden Enden eine Höhle entstand, die sie zusammen mit ihren Söhnen mit weiteren Decken und Kissen ausstaffierte. Carsten und Arne holten ihre Playmobilfiguren und -tiere und verzogen sich unter den Tisch in ihre neue Höhle. Ein kleiner Schlitz blieb offen, durch den Licht fiel. Bald war ihnen so warm, dass sie eine Schicht ihrer Pullover ausziehen konnten.

Von außen hörte man die beiden Kinderstimmen, die zufrieden in ihr Spiel vertieft waren.

»Wir müssen den Stall warm bekommen«, quatschte Arne. »So erfrieren uns noch die Schweine.«

»Und wir müssen die Kühe mit der Hand melken. Warte, ich mach das mal«, ergänzte Carsten. »Wir haben immer noch keinen Strom. Aber mit dem Trecker geht das auch.«

Michaela zuckte auf dem Sofa, auf dem sie sich in eine weitere Decke gehüllt hatte, zusammen. Die Kinder kriegen wirklich alles von uns mit, dachte sie bekümmert. Ihr Mann und ihre Schwiegereltern waren gerade wieder im Stall, um die Kühe mit dem Weidemelkgeschirr zu melken.

Michaela stand auf und ging in die Küche, um einen Tee auf dem Fondue-Rechaud zu kochen und sich nützlich zu machen. Achim, Gerdi und Otto würden sich über etwas Heißes freuen, wenn sie wieder ins Haus kamen. Michaela konnte auch schon mit den Vorbereitungen zum Mittagessen beginnen, denn mit nur einer Flamme zum Kochen musste man gut planen. Gott sei Dank hatten sie im Haus weder Mangel an Vorräten noch an Spiritus. Lediglich mit den Kerzen mussten sie jetzt haushalten. Wenn nur die Sorge um die Tiere nicht wäre.

Achim litt unter dem Zustand seiner Tiere fast körperlich. Am Morgen brüllten die Kühe, weil sie Wasser trinken wollten und aus den Leitungen nach wie vor nichts herauskam. Also karrten Otto und Achim immer wieder massenweise Schnee in den Futtergang. Auch im Kuhstall war es mittlerweile deutlich kälter geworden, aber es herrschten immerhin noch Temperaturen um die zehn Grad. Achim legte mehr Stroh zwischen dem Vieh aus, um es so warm wie möglich zu halten.

Mit dem Melken und dem Schneewasser vor ihrer Nase beruhigten sich die Kühe etwas. Die Milch im großen Tank war mittlerweile sauer geworden. Achim hatte sie abgelassen. Die frisch gemolkene wurde weiterhin in jede verfügbare Kanne und in Plastiksäcke gefüllt. Die Milch vom Vortag, für die es keine Verwendung gab, schütteten sie einfach in die schneebedeckte Jaucherinne am Misthaufen und fühlten sich schlecht dabei.

Am schlimmsten aber war die Lage im Schweinestall. Von den frischgeborenen Ferkeln waren mittlerweile fast alle erfroren. Nur die zwei stärksten hatten die Kälte bis jetzt überlebt. Achim und Otto holten alle Kadaver aus der Box und legten sie außen an die Stallwand, wo sich nach kurzer Zeit eine Schneedecke über sie legte. Die beiden Muttersauen zeigten kaum eine Reaktion. Achim hoffte inständig, dass die letzte noch trächtige Sau nicht gerade jetzt werfen würde, denn der Nachwuchs hätte keine Chance. Er ging zu dem Tier und sah, dass es auch apathisch in seiner Box lag. Die mangelnde Lüftung machte den Schweinen eindeutig zu schaffen. Schließlich nahm Achim die beiden noch lebenden Ferkel hoch und steckte sie unter seine Jacke. Er war wild entschlossen, wenigstens diese beiden letzten vom Wurf durchzukriegen.

»Du willst doch jetzt nicht ernsthaft die Ferkel mit ins Haus nehmen?«, fragte Otto fassungslos. »Da ist es doch gar nicht wärmer als hier im Stall. Wat für'n Quatsch.«

»Aber da sind wenigstens wir«, entgegnete Achim. »Oder hast du eine bessere Idee?«

»Nee. Aber Vieh im Haus, so eine Schnapsidee.« Otto schüttelte den Kopf. »Na, mach du, was du willst.«

Als Achim mit den zwei Ferkeln in die Küche kam, konnte er die Tränen nicht zurückhalten.

»Die Viecher sterben uns unter den Händen weg, und wir können nichts tun«, sagte er verzweifelt. »Hier«, Achim drückte der überraschten Michaela eines der Ferkel in den Arm, »das sind die einzigen zwei, die noch leben.« Er wischte sich die Tränen von den Wangen.

»Und wenn das noch lange so weitergeht, dann haben wir auch in Kürze schon kein Kraftfutter mehr. Wir hätten normalerweise vorgestern eine Lieferung bekommen. Meinst du, dass irgendwann mal jemand kommt?«, fragte er mutlos. »Das hört ja überhaupt nicht auf!«

»Es wird nicht so weitergehen, es muss ja mal vorbei sein mit der Wetterlage«, versuchte Michaela Optimismus zu verbreiten, während sie das leise quiekende Ferkel streichelte. »Und der Strom wird schon bald wiederkommen. Was machen wir jetzt mit den Kleinen hier?«

»Wir müssen sie warmhalten, am besten an unsere Körper halten. Ich hole noch eine Kiste, die wir schön ausstopfen, damit sie es dort warm haben.«

Achim verschwand und kam bald mit einer Holzkiste voller Stroh sowie mit alten Decken und Kartoffelsäcken zurück. Carsten und Arne nahmen die kleinen Ferkel voller Begeisterung auf ihre Arme.

»Wir passen auf sie auf«, erklärte Carsten.

»Und wie bekommen sie ihre Milch?«, wollte Michaela wissen.

»Wir legen sie regelmäßig bei der Mutter an und hoffen, dass überhaupt noch Milch kommt«, erklärte Achim. »Aber es sah jetzt schon nicht mehr gut damit aus. Wir probieren es mit Kuhmilch. Davon haben wir ja mehr als genug.«

Michaela nickte. »Ich hole die alten Nuckelflaschen, dann können wir es gleich versuchen.«

»Wir müssen alles abkochen. Wenn uns jetzt nur nicht noch der Spiritus ausgeht«, unkte Achim.

»Davon haben wir wirklich noch ausreichend«, beruhigte Michaela. »Nur die Kerzen werden knapp.«

»Dürfen wir die Schweinchen mit in unsere Höhle nehmen?«, fragte Arne, der all seine Kraft und Konzentration aufbringen musste, damit das zappelnde Ferkel sich nicht aus seinen Armen befreite.

»Ja, das ist eine gute Idee«, meinte Michaela. »Da haben sie es bestimmt wärmer als in unserer Küche. Und wir können es dort mit der Milch gleich mal ausprobieren.«

»Au ja.« Beide Kinder waren augenblicklich mit den Ferkeln verschwunden.

»Man darf die Hoffnung nicht aufgeben«, sagte Gerdi, die sich erschöpft auf die Küchenbank setzte. »Aber Achim hat recht. Lange halten wir das nicht mehr durch. Die Tiere nicht und wir auch nicht.«

»Zum Feiern gibt es heute jedenfalls nichts.« Achim putzte sich lautstark die Nase. »Das neue Jahr können wir getrost verschlafen.«

Rena lief unruhig im Haus hin und her. Fast vierundzwanzig Stunden waren vergangen, seit sie das letzte Mal etwas von Hans gehört hatte, als er sie vom Telefon der Andersens angerufen hatte. War er gut angekommen bei Gunda? Kam er mit der Geburt zurecht? Sein Spezialgebiet war Geburtshilfe ja nicht gerade.

In unmittelbarer Nähe des Kamins spielten Oliver und Tobi neben der stillgelegten Carrerabahn mit ihren Autos, während Mascha es sich auf dem Sofa gemütlich gemacht hatte und in ein Pferdebuch vertieft war. Lisbeth strickte neben ihr, Hermann las ebenfalls. Nur Rena konnte nicht stillsitzen.

»Jetzt komm und setz dich zu uns, Renate«, sagte ihre Mutter. »Nervös herumzulaufen bringt dir auch keine neue Erkenntnis.«

»Ich platze gleich vor Bewegungsdrang«, erwiderte Rena. »Die ganze Zeit nur im Wohnzimmer. Am liebsten würde ich selbst nach Bröderup laufen, um zu sehen, ob Hans angekommen ist.«

»Warum sollte er denn nicht?«, wollte Hermann wissen.

»Weil draußen Schneesturm ist, der einfach nicht aufhört? Keine Ahnung, alles Mögliche kann passiert sein«, meinte Rena. »Er ist ja auch bei den Andersens gelandet statt bei Gunda. So schnell kann das offenbar gehen, wenn man da draußen allein rumläuft.«

»Deswegen bleibst du auch hier. Überleg mal: Was Besseres, als bei Andersens zu landen, konnte ihm doch gar nicht passieren«, stellte Hermann fest und deutete mit seinen Fingern so unauffällig wie möglich auf die

Kinder. »Ich wette, Georg Andersen hat es sich nicht nehmen lassen und ihn begleitet. Das wäre nicht seine Art, ihn alleine wieder rauszuschicken. Und so eine Geburt dauert eben, das weißt du doch selbst am besten.«

»Hoffentlich hast du recht.« Rena lief weiter auf und ab. »Am schlimmsten ist, dass ich nicht herausfinden kann, ob Hans gut angekommen ist und mit der Geburt zurechtkommt. Dass ich ihm nicht helfen kann. Das macht mich ganz verrückt.«

»Es wird nichts passiert sein, und gut ist. Mach dir keine Sorgen«, beendete Hermann die Diskussion und sah seine Tochter durchdringend an.

»Mama, was ist eigentlich mit Silvesterknallern?«, fragte Tobi auf dem Fußboden liegend.

Rena stellte ihren Tigergang ein und blieb stehen. »Tja, das fällt wohl aus. Ich glaube nicht, dass wir heute überhaupt auch nur zum Spar-Meier kommen, und der hat doch bestimmt gar keine Knaller und Raketen geliefert bekommen«, antwortete Rena. »Also, das wird ein stiller Jahreswechsel.«

»Ach, Menno.«

»Wir haben noch ein paar Knallerbsen in der Schublade gefunden. Und Wunderkerzen«, erklärte Oliver. »Die können wir doch abbrennen.«

»Und die Erbsen knallen lassen.«

»Aber nicht im Haus«, bremste Rena.

»Glaubst du, dass Papa was passiert ist?«, fragte Mascha ängstlich.

Erst jetzt wurde Rena bewusst, was ihr Vater mit seinen Zeichen bezweckt hatte. Wie unvorsichtig von mir, schalt sie sich selbst. Sie setzte sich aufs Sofa und nahm ihre Tochter in den Arm.

»Nein, nein, macht euch keine Sorgen. Er ist bestimmt schwer damit beschäftigt, Gundas Kind auf die Welt zu bringen. Und weil es keinen Strom und kein Telefon gibt, kann er sich nicht melden. Aber Opa hat recht. Papa geht es bestimmt gut, und er passt auf Gunda auf.«

Rena atmete tief durch. Sie musste um ihrer Kinder willen ihre Sorgen zurückdrängen. Wenn sie nur etwas ruhiger wäre.

Hans hörte Stimmen, die aus dem Nachbarraum kommen mussten. Er schlug die Augen auf und brauchte eine Weile, bis er orientiert war. Er lag, komplett eingekleidet, auf dem Sofa im Wohnzimmer der Lausens und hatte tief und fest geschlafen. Irgendjemand hatte noch eine Decke über ihm ausgebreitet. Hans gähnte herzhaft und schaute auf seine Armbanduhr. Schon ein Uhr. Mit einem Satz richtete er sich auf und schwang die Beine auf den Boden. Vor vier Stunden war Gundas Tochter geboren; Zeit zu schauen, wie es Mutter und Kind ging.

Im Schlafzimmer saß Gunda aufrecht im Bett und hielt ihr Baby im Arm, daneben hatte es sich Sven gemütlich gemacht.

»Wie geht es Ihnen?«, fragte Hans. »Was macht Ihre Kleine?«

»Mir geht es gut, aber die Lütte will nicht so recht trinken.« Gunda sah bekümmert drein. »Ein paar Tropfen Milch sind schon mal herausgekommen, aber sie bleibt nicht dabei.«

»Hm, vielleicht ist ihr Saugreflex noch nicht ausgeprägt genug. Wir sollten schon zusehen, dass wir Sie beide in die Klinik bekommen. Ich bleibe auf jeden Fall so lange bei Ihnen.«

Hans ging hinüber in die Küche, in der das Ehepaar Lausen mit dem Ehepaar Andersen saß.

»Da sind Sie ja«, begrüßte ihn Margit Lausen erfreut. »Haben Sie etwas schlafen können? Möchten Sie einen Haferbrei mit Zimt und Apfelmus oder lieber eine Tasse Kaffee?«

»Beides, wenn es geht«, antwortete Hans.

Der warme Brei und der Kaffee verdrängten seine Erschöpfung.

Helga Andersen rührte Teig in einer Schüssel. »Ich backe Berliner. Heute ist doch Silvester«, erklärte sie auf Hans' fragenden Blick. »Wir bleiben erst mal hier, und wir wollen doch alle wenigstens ein bisschen feiern. Es gibt ja mindestens einen guten Grund.«

»Gratulation und vielen Dank, Herr Doktor«, Alfred Lausen hob seine Kaffeetasse hoch. »Das haben Sie richtig gut gemacht. Mutter und Kind wohlauf.«

»Ja, das schon, aber mir wäre es lieb, ich könnte die beiden noch zur Beobachtung ins Krankenhaus schicken. Svenja ist schon sehr klein und zart, richtig trinken möchte sie auch noch nicht. Nur wie bekommen wir sie nach Flensburg bei dem Wetter?«

»In Flensburg ist Hochwasser«, sagte Georg Andersen. »Alle Straßen sind dicht, außerdem herrscht überall Fahrverbot. Und bei dem Wind wird sicher immer noch nicht geflogen. Aber ich werde mal zu Heinz Schröder laufen, vielleicht kann der etwas organisieren. Soll doch ein Panzer kommen und Gunda und die Lütte holen.«

»Gute Idee«, meinte Herr Lausen. »Ich komme mit. Bei dem Wetter allein zu laufen ist nicht empfehlenswert, stimmt doch, oder, Herr Doktor?«

Er konnte sich das Lachen nicht verkneifen, und Hans zog etwas gequält seine Mundwinkel hoch.

»Weit ist es ja nicht bis zu Heinz«, fiel Margit Lausen ein, die die Spitze ihres Mannes gerne abbiegen wollte. »Da kannst du Georg gerne begleiten.«

Die beiden Männer standen auf, um sich warm anzuziehen und gleich aufzubrechen. Als Hans in den Flur kam, hielt Alfred Lausen ihn an.

»Hier.« Er drückte Hans eine zusammengerollte weiße Feinrippunterhose in die Hand. »Sie haben ja bestimmt keine Wechselwäsche eingepackt. Falls Sie sich ein bisschen frisch machen wollen, nehmen Sie diese hier. Meine Frau macht Ihnen bestimmt gerne etwas Waschwasser auf dem Herd warm.«

Hans schaute irritiert auf die Unterhose in seiner Hand. »Danke, sehr nett von Ihnen«, stammelte er.

Alfred Lausen klopfte ihm auf die Schulter. »Also, wir sind dann mal weg. Bis später.«

In Heinz Schröders Kommandozentrale herrschte Hochbetrieb. Mitglieder der freiwilligen Feuerwehr saßen im gesamten Wohnzimmer verteilt und besprachen die Lage. Die Männer standen im regelmäßigen Kontakt mit dem Krisenstab in Schleswig. Auch Ernst Jachmann und Rolf Schaupe fanden sich wieder ein. Sie dachten an ihre Kollegen im Krankenhaus und wollten noch einmal dafür sorgen, dass alle festsitzenden Ärzte vordringlich nach Flensburg gebracht wurden.

»Ich komme mit Ihnen«, hatte Bärbel Beeck gesagt und sich warm angezogen. Ihr ließ das Gespräch mit Mannes Freundin keine Ruhe. War der Discjockey immer noch nicht zurückgekehrt? Wenn nicht, musste man davon ausgehen, dass ihm etwas passiert war. Bärbel hoffte, dass sie sich umsonst Sorgen machte, aber sie wollte nicht untätig bleiben.

»Heinz, was können wir machen?« Bärbel erzählte ihm, was passiert war. »Wie bekommen wir heraus, ob Manne etwas zugestoßen ist?«

Heinz Schröder zuckte mit den Achseln. »Wo sollen wir anfangen zu suchen? Und wie? Ich weiß nicht, ob wir da etwas machen können, solange es noch schneit.«

Bärbel schaute enttäuscht. »Vielleicht hat jemand in seiner Nähe Funk?«, schlug sie vor.

»Könnte sein«, nickte Heinz Schröder. »Mach dir keine Sorgen, ich kümmere mich drum«, sagte er, und Bärbel wusste, dass sie sich darauf verlassen konnte.

Doch zunächst galt die Sorge den Ärzten. Funksprüche wurden hin- und hergeschickt.

»Nichts zu machen bei dem Wetter«, meinte Heinz Schröder schließlich. »Heute bekommen wir Sie auch nicht nach Hause.«

Willi Moretzka stand am Wohnzimmerfenster. Er vermutete, dass Mittag längst vorbei war. Es schneite und stürmte immer noch, doch Willi glaubte zu erkennen, dass die Intensität ein bisschen nachgelassen hatte. Er nahm es als Zeichen, dass der Zeitpunkt, das Haus zu verlassen, jetzt gekommen war. Zwar hatte der alte Mann nach wie vor keine Lust, in den Schnee hinauszugehen, aber er konnte es nicht länger aufschieben. Willi hatte jede Schranktür aufgemacht, jede Schublade aufgezogen. Jede Flasche, die er in den letzten Jahren dort versteckt hatte, hatte er gefunden. Keine einzige war ungeöffnet gewesen. Er saß jetzt buchstäblich auf dem Trockenen. Kein Strom, kein Wasser, kein Licht, kein Essen, nichts zu trinken. Es blieb ihm keine Wahl mehr.

Willi seufzte und ging in den Flur. Raudi folgte. Willi zog Stiefel und Mantel an, setzte die Mütze auf, griff nach dem Rucksack und suchte die Handschuhe. Als er sie gefunden hatte, war Raudi nicht mehr zu sehen. Dieser verrückte Kerl, dachte Willi.

»Raudi, komm, wir gehen«, rief er Richtung Wohnzimmer.

Raudi kam nicht. Der Hund hatte sich so klein wie möglich vor der Heizung eingekringelt und drückte den Kopf auf den Fußboden, als könnte er sich so unsichtbar machen.

»Jetzt komm, auf«, ermunterte ihn Willi. Er wollte nicht alleine gehen.

Raudi jaulte kurz unwillig auf und machte sich noch kleiner.

»Auf, Raudi.«

Kopfschüttelnd betrachtete Willi seinen Hund. Er ging auf ihn zu, kniete sich nieder und streichelte sein Fell. Raudi ließ es dankbar geschehen, gab seine Körperspannung jedoch nicht auf.

»Dann geh ich eben allein.«

Willi richtete sich wieder auf. Er war enttäuscht. Aber der Hund würde schon noch kommen, wenn er erst an der Tür war. Niemals blieb er allein zurück. Willi schlurfte in den Flur und öffnete die Haustür. Er kratzte etwas an der Schneewand dahinter herum und erkannte, dass es sinnlos war. Er schloss die Tür wieder, und im Wohnzimmer hob Raudi den Kopf.

»Da geht's nicht raus, Raudi, was sagst du dazu?«

Willi Moretzka kehrte ins Wohnzimmer zurück und schaute wieder nachdenklich das Fenster an. Nein, es war unmöglich, da herauszuklettern und es dann offen zu lassen. So klar im Kopf war er noch, um sich auszurechnen, dass danach sein Wohnzimmer eingeschneit und eiskalt sein würde. Er musste eine andere Lösung finden. Willi kannte sie längst, aber etwas in seinem Inneren sträubte sich.

»Jetzt komm, Raudi, wir gehen raus. Letzte Aufforderung. Sonst muss ich ohne dich los.«

Raudi machte weiterhin keinerlei Anstalten, sein Herrchen zu begleiten. In einer Mischung aus Enttäuschung und Wut schlug Willi die Tür zum Wohnzimmer zu und ging allein in die Küche. Er ignorierte das plötzlich flehende Bellen seines Hundes hinter der verschlossenen Tür, war wie fremdgesteuert, stieg über die Flaschen auf dem Küchenboden und blieb vor der ausgeräumten Abseite stehen. Mit zitternder Hand zog er den Vorhang zurück.

»Ich halt es nicht mehr aus, ich geh jetzt in den Stall«, schrie Greti mit sich überschlagender Stimme, nachdem Willi sie wieder einmal nach einem Streit verdroschen hatte.

»Was willst du da, wir haben doch schon lange kein Vieh mehr«, entgegnete Willi, besoffen und verärgert.

»Das wirst du schon noch sehen«, erklärte sie heulend, als Willi an ihr vorbeiging, sich ein neues Bier aus dem Kühlschrank holte und im Wohnzimmer vor den Fernseher verschwand, ohne seine Frau auch nur anzusehen.

Seit jenem Tag war er nicht mehr in dem kleinen Stall gewesen. Jetzt stieß er die Tür in der Abseite auf, und knarrend gab sie den Weg frei.

Da hing sie. Den Strick hatte Greti um den Balken geschlungen und den Schemel weggestoßen.

»Was machst du da?«, rief Willi.

Er lief schnell auf sie zu, umklammerte ihre Oberschenkel, hob sie hoch, aber er kam zu spät.

Acht Jahre war das her. Jetzt lag der Staub zentimeterhoch, als Willi vorsichtig einen Fuß über die Schwelle setzte. Er beeilte sich, zur Stalltür zu kommen. Der Schlüssel steckte. Zitternd drehte Willi ihn um, er klemmte ein bisschen, aber beim zweiten Versuch klappte es. Willi öffnete die Tür und tatsächlich: Auf der windabgewandten Seite konnte er problemlos das Haus verlassen. Draußen zog Willi die Tür hinter sich zu und atmete tief durch.

Es war schneidend kalt. Er brauchte einen Moment, um sich daran zu gewöhnen. Dann setzte er sich in Bewegung. Kaum hatte er die schützende Hauswand verlassen, traf ihn der Wind mit seinen harten Schneeflocken frontal und raubte ihm schier den Atem. Willi kniff die Augen zusammen. Er konnte kaum etwas sehen. Aber er war entschlossen, weiterzulaufen. Zum Spar-Meier war es nicht allzu weit.

Es war anstrengender, als er befürchtet hatte. Willi keuchte. Er hatte schnell entschieden, über das Feld zu laufen, nachdem er die durch meterhohe Schneewehen unpassierbare Dorfstraße gesehen hatte. An der Kreuzung ragte gerade noch der rote Kopf des dreieckigen Vorfahrtschildes aus dem Weiß heraus. Querfeldein zu laufen war außerdem eine Abkürzung.

Alles an ihm war eiskalt. Seine Ohren, seine Nase, die Finger, die Füße – sie schmerzten wie verrückt. Er hätte nicht gedacht, dass es so schlimm werden würde. Eigentlich müsste er doch längst da sein. Mühsam bahnte er sich seinen Weg durch den Schnee, sank ein und zog das Bein wieder heraus, nur um mit dem nächsten erneut zu versinken.

Geradeaus, immer geradeaus. Jetzt komm, nicht trödeln! Willi lief weiter. An seinen Körper gepresst trug er Wilhelm, der vor Fieber glühte. Der Säugling wärmte seinen Vater, aber diese Art von Wärme wollte Willi gar nicht haben, denn sie bedeutete höchste Gefahr. Die kleine Marie lief wacker neben ihm, während Greti auf dem Wagen lag und teilnahmslos in den Himmel starrte.

Zwei Tage zuvor waren sie auf eine russische Truppe gestoßen. Einfach in den Weg gestellt hatten sich die Soldaten. Seitdem kauerte Greti mit drei weiteren Frauen, darunter die Gutsherrin, auf dem Wagen und rührte sich nicht. Willi und die anderen Männer hatten ihnen nicht helfen können. Durch den Schock versiegte ihre Milch. Greti konnte Wilhelm nicht mehr stillen, und sie wollte es auch nicht.

Nun trug Willi Moretzka seinen Sohn, der immer kläglicher wurde. Es schneite, aber an Rasten war nicht zu denken. Es musste weitergehen. Sie mussten in sicheres Gebiet kommen. Jetzt erst recht. Sie mussten ankommen. Der Gutsherr trieb sie an.

Nicht aufgeben, hörst du? Willi stapfte weiter, er würde bald da sein und im Laden seinen Rucksack füllen. Ein schönes Bier, ein ordentlicher Schnaps. Wer hätte gedacht, dass ihm der Alkohol so fehlen würde? Wer hätte gedacht, dass er noch einmal gezwungen war, durch widrigste Schneeverhältnisse zu laufen? Auf, Willi, nicht rumlamentieren, weiter geht's. Gleich bist du da.

Eine kurze Pause nur. Am Rande eines Knicks, der etwas vor dem Wind schützte, blieb Willi stehen. Er spürte, dass seine Kraft nachließ. Er hechelte und wartete, bis sich sein Atem beruhigt hatte. Dann sah er um sich.

Er konnte weit und breit nichts erkennen. Kein Haus, keine Stromleitung, keine Straßenschilder. Um ihn herum war eine Wüste aus Eis und Schnee, mit einem unbarmherzigen Wind, der darüber fegte. Es schneite so stark, dass Willi kaum die Hand vor Augen sah. Er gab sich einen Ruck und lief weiter.

»Nicht trödeln, Mann«, herrschte der Gutsherr ihn an.

»Nur eine kurze Pause … das Kind …«, erwiderte Willi schwach.

»Was ist mit dem Kind?«

»Ich glaub, es ist tot.«

»Tot? Dann muss es hierbleiben.«

»Hierbleiben?«

Greti erwachte aus ihrer Starre und schrie. »Was sind Sie nur für ein Mensch? Was sind das alles nur für Menschen?« Dann brach sie zusammen, während Willi seinen leblosen Sohn an sich drückte, der ihn nun nicht mehr wärmte.

Der Gutsherr holte eine Schaufel vom Wagen und setzte selbst an. »Wir müssen weiter, wir haben keine Zeit.«

Willi widersprach nicht, das tat er nie. Er stand da, hielt Wilhelm fest, Marie drückte sich an seinen Mantel.

Der Gutsherr schaufelte nur Schnee weg, zu gefroren war der Boden, um durchzukommen, zu ungeduldig war der Mann, um sich überhaupt die Mühe zu machen.

»Jetzt muss es reichen«, sagte er.

Ein letztes Mal drückte und küsste Willi seinen Sohn. Er legte ihn in die Grube, der Gutsverwalter sprach ein Gebet, Greti auf dem Wagen heulte laut, Marie hatte vor Schreck geweitete Augen, und der Gutsherr schippte Schnee über das tote Kind.

»So. Weiter jetzt.«

Willi griff nach Maries kleiner Hand.

Und dann ging es weiter. Bis nach Schleswig-Holstein.

Willi sackte auf die Knie und ließ sich in den Schnee fallen. Er brauchte eine Pause, nur eine kurze.

»Wir sind wieder da«, rief Alfred Lausen in den Flur, »und wir haben jemanden mitgebracht.«

Rolf Schaupe trat ein und schüttelte den Schnee aus seiner Mütze. »Moin, Herr Kollege«, er gab Hans die Hand, »ich habe schon von Ihrem Einsatz gehört. Glückwunsch. Eine Steißgeburt ohne die Möglichkeit, einen Kaiserschnitt zu machen, bringt man nicht alle Tage glücklich zu Ende.«

»Wo kommen Sie denn her?«, fragte Hans erstaunt.

Rolf Schaupe lachte herzlich. »Ganz Bröderup ist voll mit gestrandeten Ärzten. Mit dem Bus, den die Hinrichsens für uns gechartert hatten, war auf der Rückfahrt kein Durchkommen. Wir wurden von der freiwilligen Feuerwehr gerettet und sind alle im ganzen Dorf verteilt. Jetzt warten wir darauf, dass uns die Bundeswehr nach Hause bringt, denn in Flensburg laufen die wenigen verbliebenen Ärzte auf dem Zahnfleisch. Ich war gerade bei Heinz Schröder, als die beiden kamen. Da dachte ich, ich schau mal nach der jungen Mutter, nachdem ich gehört hatte, was das für eine Geburt war.«

»Wir haben jetzt ein Funkgerät.« Georg Andersen hielt es triumphierend hoch. »Damit stehen wir mit der Zentrale bei Heinz Schröder in Kontakt.«

»Darf ich es mal haben?« Hans nahm es in die Hand und drückte auf den Sprachknopf. »Söreby, bitte kommen.« Er wartete gespannt. »Söreby, bitte kommen.«

Bis auf ein Rauschen war nichts zu hören. Hans probierte es weiter, bis er enttäuscht aufgab. Vermutlich war die Batterie seiner modernen Telefonanlage, an die sein Funkgerät zu Hause gekoppelt war, mittlerweile wirklich leer.

Derweil untersuchte Doktor Schaupe die junge Mutter und kam zu dem gleichen Schluss wie Hans.

»So weit ist alles gut, aber die kleine Svenja muss so langsam mal etwas trinken«, erklärte er im Wohnzimmer. »Sie zeigt viel zu wenig Kraft beim Saugen. Wenn das nicht bald besser wird, müssen Mutter und Kind wirklich ins Krankenhaus gebracht werden. Herr Andersen hat mit Herrn Schröder gesprochen, damit ein Transport so schnell wie möglich organisiert wird. Aber Sie sehen ja an uns, dass es gerade unmöglich ist, dahin zu kommen.«

Alfred Lausen drückte Doktor Schaupe in den nächstbesten Sessel und holte eine Schnapsflasche aus dem Schrank.

»Die beiden sind hier in guten Händen, wir haben ja Sie. So, jetzt stoßen wir auf die Geburt an. Und auf das neue Jahr. Und dass wir es hier so warm und gut haben. Es gibt wirklich genug zu feiern.«

Er goss allen großzügig ein.

»Sven«, rief er, »Margit, Helga, kommt ihr auch? Und natürlich Gunda. Prost, alle zusammen!«

Thomas klappte kurz vor vier Uhr am Nachmittag sein Buch zu und drehte mit klammen Fingern den Zündschlüssel um. Der Motor startete nach wie vor zuverlässig, und nach einer Weile kam die Heizung auf Touren.

»Gott sei Dank, ein bisschen Wärme«, murmelte Sibylle. »Ich hab so eiskalte Füße.«

Sie fühlte sich matt und niedergeschlagen, hoffnungslos, lag schon seit Stunden apathisch im Kofferraum und rührte sich nicht, während Thomas es immerhin noch geschafft hatte, in die Welt seines Buches abzutauchen.

»Liest du mir etwas vor, solange es noch hell ist?«, fragte Sibylle.

»Hm. Ich habe eigentlich keine Lust«, antwortete Thomas.

»Schade.«

Zur vollen Stunde schaltete er das Radio ein. Die Nachrichten klangen wie an den zwei Tagen zuvor. Fahrverbot, geschlossene Grenzübergänge, Vollsperrung der Straßen. Weiterhin Schnee und Orkanböen. Der Hubschrauber mit Ministerpräsident Stoltenberg an Bord musste notlanden. Achtzig Ortschaften ohne Strom. Nur eine gute Nachricht gab es: Auf der Autobahn bei Neumünster wurden die Insassen von sechzig Fahrzeugen geborgen. Teilweise mussten sie mit starken Unterkühlungen ins Krankenhaus gebracht werden.

Als fröhliche Silvester-Tanzmusik gespielt wurde, schaltete Thomas das Radio aus.

»Das ist so zum Kotzen, dass die uns erst erzählen, dass fast alle Theater in Hamburg und was weiß ich wo trotz des Wetters ihre Vorstellungen spielen. Dann sagen sie den Eingeschlossenen, dass sie schon noch bald gerettet werden, und lassen dann solche Musik laufen, während wir hier feststecken. Die ganze Zeit schon. Das halte ich nicht mehr aus. Ganz ehrlich, wenn wir hier raus sind, schreibe ich einen Beschwerdebrief, aber einen gepfefferten, ich schwör's.«

Sibylle antwortete nicht, und auch Thomas zog es vor, bis auf Weiteres stumm zu bleiben.

Die Dunkelheit kroch heran.

»Reichst du mir meinen Kalender und den Stift?«, bat Sibylle.

Sie richtete sich mühsam auf, zog ihren rechten Handschuh aus und klappte die Seite mit den Vorsätzen auf. *Nicht meckern*, notierte sie im Zwielicht unter den ersten Punkt *Weniger streiten*. Weiter schrieb sie: *Zeit miteinander, Zuhören.*

»Wenn wir hier herauskommen, Thomas«, sagte sie erschöpft, »dann schwöre ich dir, dass ich dir besser zuhöre. Dass ich mich bemühen werde, deine Bedürfnisse besser zu sehen. Dass wir uns aufeinander konzentrieren.« Sie fing leise an zu weinen.

»Wenn wir hier herauskommen, dann schwöre ich dir, dass ich mir Zeit für dich nehme«, antwortete Thomas mit stockender Stimme. »Ich gehe mit dir ins Theater und verstecke mich nicht hinter meinen Büchern. Ich rede mit dir. Ich schau dich an. So wie früher.«

Die ganze Zeit im Wagen hatte er sich zusammengerissen, aber jetzt konnte er nicht mehr. Die Tränen liefen seine Wangen hinab.

»Wir hatten schöne Jahre zusammen«, schluchzte Sibylle. Sie streckte ihre Hand aus und Thomas griff nach ihr.

»Ja, das hatten wir.« Er drückte ihre kalte Hand gegen seine nasse Wange. »Ich liebe dich wirklich sehr, Bille, auch wenn ich es oft nicht gezeigt habe.«

»Ich dich auch, Thomas, ich liebe dich auch.«

Sie umarmten sich, so gut es im Wageninneren eben ging, und hielten sich fest. Nach einer Weile entzog sich Sibylle und nahm wieder Stift und Kalender in die Hand.

»Mach nochmal das Licht an.« Sie blätterte auf eine leere Seite.

Für die Nachwelt, die uns findet, schrieb sie und unterstrich den Satz. *Seit dem Nachmittag des 29. Dezember 1978 sitzen wir eingeschneit in unserem Auto fest, ohne Möglichkeit, uns hieraus zu entfernen. Wir sind verzweifelt, aber geben die Hoffnung nicht auf, dass wir gerettet werden. Uns ist kalt, hier drinnen herrschen Temperaturen unter dem Gefrierpunkt. Noch haben wir etwas zu essen, aber nur noch wenig zu trinken. Wir denken an unsere Familien, die wir sehr lieben. Thomas und Sibylle, 31.12.78, 16.45 Uhr.*

Im Krog drehte es sich den ganzen Tag nur um ein gemütliches Beisammensein. Man saß fest, das ja, aber ansonsten gab es wenig Sorgen. Man konnte es nicht ändern, und hier ging es allen doch gut. Da lediglich der Gastraum durch den Kachelofen beheizt werden konnte und alle anderen Zimmer eiskalt waren, war er die ganze Zeit mit Leuten gefüllt. Nichts anderes gab es zu tun, als sich die Zeit mit Reden und Spielen zu vertreiben und ausgiebig zu essen und zu trinken. Noch war das Lager des Gasthauses gut gefüllt. Nur die Milch war leergetrunken, aber Hauke Beeck und Stefan Ratke, der Bruder der verhinderten Braut, waren zum benachbarten Bauernhof gelaufen und hatten ein paar Kannen frischgemolkene Milch geholt. Mitgebracht hatten sie auch die Bauernfamilie mit ihren drei Kindern, denn bei denen im Haus war es unerträglich kalt, und die Familie war jetzt froh, sich endlich wärmen zu können, bis sie wieder in den Stall zum Melken mit der Hand gingen.

Am Nachmittag begannen die Vorbereitungen für das Silvesterfest. Wieder wurde die lange Tafel festlich eingedeckt und mit Luftschlangen, Kleeblättern und Glücksschweinchen aus Bärbel Beecks Dekokiste geschmückt. Von der Decke hingen Luftballons. Der Gastraum war erfüllt von fröhlichem Gelächter. Die unfreiwillige Mischung aus der Wirtsfamilie Beeck, Ellen und Claudia, den Küchenhilfen Lene und Friedchen, der Hochzeitsgesellschaft und den zwei gestrandeten Arztehepaaren war längst zu einer eingeschworenen Truppe zusammengewachsen, die sich vorgenommen hatte, diesen außergewöhnlichen Jahreswechsel so richtig zu feiern.

Ernst Jachmann kehrte kurz vor Einbruch der Dunkelheit allein in den Krog zurück. Sein Kollege Rolf Schaupe war nicht mehr aufgetaucht, sondern hatte per Funk durchgegeben, dass er bei Familie Lausen und der jungen Mutter bleiben würde. Man wusste schließlich nicht, was noch passieren würde. Bei einer Verbindung über Funk konnte man es ja nie genau sagen, aber Ernst gewann den Eindruck, dass der Kollege nicht mehr ganz nüchtern war. Als er Ursel die Nachricht überbrachte, schaute sie erst enttäuscht, wurde aber von Kirsten sofort wieder abgelenkt.

Mascha, Oliver und Tobi hatten sich den Tag damit vertrieben, auf den ausgebreiteten Matratzen Purzelbäume zu schlagen, bis sie ins Schwitzen gerieten, oder in der eiskalten Diele immer und immer wieder auf einer Matratze die Treppe herunterzurutschen. Gerade Tobi war danach viel ausgeglichener, worüber jeder froh war. Später pusteten die drei Kinder Luftballons auf, die vom letzten Kindergeburtstag übriggeblieben waren, und dekorierten damit das Wohnzimmer. Lisbeth kochte Nudeln mit Tomatensoße zum Abendessen, die allen gut schmeckte. Danach wurde ein Topf mit Schnee für das Bleigießen auf das Feuer gestellt. Gott sei Dank hatte Rena neben den Wunderkerzen noch eine Packung vom letzten Jahr gefunden, so konnte wenigstens an einem Ritual festgehalten werden. Der Schnee war schnell geschmolzen und alle versammelten sich im Kerzenschein um den Esstisch.

Während sie darüber rätselten, welches Zeichen Olivers Bleistück ergeben hatte, tauchte plötzlich am Fenster das Licht einer Taschenlampe auf, und es wurde gegen die Terrassentür geklopft.

»Da kommt Papa!«, rief Mascha.

Alle drei Kinder sprangen auf und rannten zur Tür. Doch es war nicht Hans, der dort stand, sondern ihre Nachbarn Doris und Werner Petersen.

»Überraschung! Wir haben einen Sekt dabei, bestens gekühlt. Dürfen wir hereinkommen?«, fragte Werner.

»Klar. Das ist wirklich eine Überraschung«, freute sich Rena.

»Schön warm bei euch.« Doris stand am Feuer und rieb sich die Hände.

»Ihr hättet ja schon früher kommen können, wenn es bei euch so kalt ist«, meinte Rena.

»Nicht nötig«, lachte Doris. »Werner hat noch einen alten Gasofen gefunden … Du willst gar nicht wissen, was für eine verrückte Konstruktion er da an Gasleitung gebaut hat. Ein Wunder, dass noch nichts in die Luft geflogen ist. Auf jeden Fall hat das Ding uns zuverlässig Wärme gespendet, und man kann sogar darauf kochen. Wo ist denn Hans?«

»Frag nicht – bei Patienten. Das Kind seiner Arzthelferin wollte zu früh auf die Welt. Vor zwei Tagen wurde er hier das letzte Mal gesehen. Wer weiß, ob er wirklich angekommen ist. Ich habe nichts mehr von ihm gehört, das beunruhigt mich. Ich kann ihn weder über Telefon noch über Funk erreichen. Alles aus.«

»Na, wie soll er bei dem Wetter auch zurückkehren? Mach dir mal keine Sorgen«, beruhigte Doris.

»Habt ihr Gläser?«, fragte Werner. »Wie wäre es, wenn wir mal nicht auf das neue Jahr, sondern auf diesen verrückten Schneesturm anstoßen? An den werden wir uns nach Jahrzehnten noch erinnern.«

»Gute Idee.«

Werner ließ den Korken knallen und goss allen ein.

»Auf den Schneesturm.« Er hob sein Glas.

»Hoffen wir, dass es allen gut geht«, sagte Lisbeth. »Auch Thomas und Sibylle in Dänemark. Von denen haben wir ja auch nichts gehört.«

»Und Hans natürlich«, warf Rena ein. »Hoffentlich hört der Sturm bald auf.«

Familie Truelsen hatte beschlossen, Silvester komplett zu ignorieren. Kein Fernsehen, kein Knabberkram und Sekt, kein Rummelpott bei den Nachbarn. Im Schein ihrer vorletzten Kerze und dem Spiritus im Rechaud gab es Milchreis mit selbstgemachtem Apfelmus aus der Vorratskammer, um wenigstens etwas von der vielen Milch zu verarbeiten. Auf irgendeine Art von Feier hatte niemand Lust. Nach dem Abendessen war es Michaela und Achim so kalt, dass sie sich mit ihren Kindern direkt ins Bett legten. Obwohl Michaela davon nicht begeistert war, nahmen die Jungen die kleinen Schweinchen mit ins Schlafzimmer und deckten sie hingebungsvoll in der Kiste zu. Den ganzen Nachmittag hatten Carsten und Arne die Ferkel an ihren Körpern gewärmt und wollten sie jetzt am liebsten mit unter die Bettdecke nehmen. Michaela konnte sie nur schwer davon abhalten. Achim stellte den Wecker, um ihnen zwischendurch die Flasche zu geben. Dann pustete er ihre letzte noch vorhandene Kerze auf dem Nachtisch aus. Die vorletzte hatten Gerdi und Otto mit in ihr Schlafzimmer genommen.

Der Wind fegte unablässig um ihr Haus, und sein Heulen war längst zu einem vertrauten Geräusch geworden. Michaela erzählte den Kindern das Märchen von Schneeweißchen und Rosenrot, während Achim still in der absoluten Dunkelheit daneben lag und versuchte, innerlich zur Ruhe zu kommen.

»Es war ein Bär, der seinen dicken schwarzen Kopf zur Tür hereinstreckte«, sprach Michaela. »Rosenrot schrie laut und sprang zurück, und Schneeweißchen versteckte sich hinter Mutters Bett. Der Bär aber fing an zu sprechen und sagte: ›Fürchtet euch nicht, ich tue euch nichts zuleide, ich bin halb erfroren und will mich nur ein wenig bei euch wärmen.‹«

»Wie bei uns«, stellte Carsten fest. »Nur sind zu uns die Schweinchen gekommen.«

Achim war dankbar für Michaelas gleichmäßige, beruhigende Stimme. Den ganzen Tag, nein, Tage schon war er nervös, zu groß waren die Sorgen um seine Tiere und auch um seine Familie, wenn es nicht endlich bald besser werden würde, endlich der Strom wiederkam. Achim umschlang den Körper seiner Frau und spürte ihre Wärme. Erschöpft schlief er ein, noch bevor Michaela das Märchen zu Ende erzählt hatte.

Am Anfang setzte sich Gunda mit Svenja im Arm noch dazu, verschwand aber bald kopfschüttelnd aus dem Wohnzimmer, als der Alkoholpegel bei den Männern und Frau Andersen bedenkliche Höhen erreichte. Margit Lausen solidarisierte sich mit ihrer Schwiegertochter und ging mit ihr. Alle anderen machten Späße und lachten fast ohne Unterlass. Helga Andersen reichte ihre frisch gebackenen Berliner auf einem Tablett herum. Es roch verführerisch. Hans griff zu und biss mit Genuss hinein. Sofort verzog er das Gesicht und spuckte den Bissen in eine Serviette.

»Was ist das denn?«, fragte er irritiert.

»Ha, Sie hat's erwischt! Wenn Sie nur Ihr Gesicht sehen könnten.« Helga Andersen lachte so sehr, dass ihr die Tränen kamen. »Alle Berliner haben Himbeermarmeladenfüllung, bis auf einen. Den habe ich mit Senf gefüllt.«

Die anderen stimmten in ihr Lachen ein, und nachdem Hans den zuckrigen Senfgeschmack mit einem von Alfred Lausen gereichten Korn heruntergespült hatte, konnte er auch nicht mehr anders und lachte mit.

Hans war sowieso bester Stimmung. Dank der Anwesenheit seines Kollegen vom Fach konnte er Verantwortung abgeben. Er versuchte zwar, daran zu denken, nicht allzu viel Alkohol zu trinken, doch es fiel ihm nach der Anspannung rund um die Geburt schwer. Rolf Schaupe machte sich ähnliche Gedanken, aber Alfred Lausen hielt die Schnapsflasche griffbereit und füllte regelmäßig nach. Die vier Männer und Helga Andersen saßen rund um den Wohnzimmertisch; und irgendwann kramten Herr Lausen und Herr Andersen die alten Kriegsgeschichten hervor, der eine aus Frankreich, der andere aus Russland. Sven nickte derweil in seinem Sessel ein, Hans versuchte, höflich zuzuhören, obwohl ihm diese ganzen Erzählungen aus jener Zeit grundsätzlich schnell zu viel wurden, und Rolf Schaupe steuerte auch noch seine Fluchtgeschichte aus Pommern bei.

Um Mitternacht schliefen Gunda und Margit längst,

während Alfred Lausen eine Flasche Sekt zum Anstoßen holte. Mittlerweile hatte Hans den Punkt, an dem er sich noch gut fühlte, überschritten. Er war hundemüde und merkte, wie viel Schlaf ihm mittlerweile fehlte. Beim nächsten Schluck dachte er an Rena und seine Kinder, die nicht wussten, ob es ihm gut ging. Urplötzlich vermisste Hans seine Familie und fragte sich, was er hier im Wohnzimmer eigentlich machte. Er wollte am liebsten sofort heim und hoffte, dass sich zu Hause die Lage in seiner Abwesenheit nicht weiter verschlimmert hatte. Seine Schwiegereltern waren ja auch noch da, sodass Rena mit der Last nicht alleine war. Trotzdem war es wie ein Zeichen, dass Hans der Sekt nicht schmeckte. Er wurde melancholisch.

»Ich ziehe mich jetzt zurück«, erklärte er, stellte das Glas ab und nahm seine Taschenlampe. »Gibt es irgendwo ein Plätzchen, wo ich heute Nacht schlafen kann?«

Er landete schließlich in Svens altem Kinderzimmer, in dem Bett, in dem die Nacht zuvor die Andersens geschlafen hatten. Es war ihm egal, dass irgendwann Rolf Schaupe kam, sich auf das Sofa unter der Dachschräge legte und noch verkündete, dass Mutter und Kind weiterhin wohlauf seien. Hans wollte einfach nur noch schlafen.

Im Krog gab es im Schein der Petroleumlampen und Kerzen Kartoffelsalat, grünen Salat und Würstchen, ganz klassisch. Vorweg eine Rote-Bete-Suppe, für die Ursel Schaupe verantwortlich zeichnete und die sehr gut von allen Anwesenden aufgenommen wurde. Ursel strahlte.

Nach der Westfälischen Herrencreme von der Brautmutter Elfriede Ratke und schon reichlich Wein und Bier griff Stefan Ratke wie an den Abenden zuvor zu seiner Gitarre. Maike holte ihr Akkordeon dazu, und die gesamte Gesellschaft sang bei den Liedern, egal ob plattdeutsches Volkslied oder englischen Popsong, lauthals und erstaunlich textsicher mit. Klaus Beeck bat seine Frau schließlich zum Tanz, die anderen Paare zogen nach. Bärbel lachte, während sie sich ausgelassen im Kreis drehte. Es war schön, im eigenen Haus zu feiern und gleichzeitig nicht für alles verantwortlich zu sein. Die aktuelle Situation mit den vielen Gästen im Haus empfand sie nicht als Arbeit. Wenn nur die Sorge um Manne nicht wäre. Mit zunehmendem Alkoholpegel schob Bärbel diesen Gedanken zur Seite.

Kirsten, die ihr schickes Kleid und ihre hochhackigen Schuhe vom Polterabend angezogen hatte, schmiegte sich auf der Tanzfläche an Ernst. »Ich finde, wir haben großes Glück. Eigentlich hättest du jetzt Nachtdienst gehabt, und ich hätte ohne dich feiern müssen. Das wäre bei den Meiers bei Weitem nicht so lustig und ausgelassen gewesen. Ich hätte dich vermisst. Und mich wahrscheinlich schrecklich gelangweilt! Also, ich bin glücklich, dass wir hier sind.«

Ernst öffnete den Arm, und Kirsten führte eine Drehung aus. »Du hast natürlich recht«, sagte er in ihr Ohr, als sie wieder in die Ausgangsposition zurückgekehrt war. »Aber ich denke an die armen Kollegen und die Patienten auf Station. Das ist nicht lustig.«

»Nein, aber komm, wir können es nicht ändern. Jetzt

machen wir uns ein schönes Silvesterfest mit unseren neuen Freunden. Wir haben schon so lange nicht mehr getanzt! Das macht wirklich Spaß. Ich finde, unser Vorsatz für das neue Jahr sollte sein, wieder öfter tanzen zu gehen, jetzt, da die Kinder aus dem Haus sind.«

Nach dem Tanz wurde die Reise nach Jerusalem gespielt. Mit lautem Getöse und Gekreische stürmten alle beim Stopp von Maikes Akkordeonspiel auf die Stühle, setzten sich übereinander, quetschten sich zu zweit auf einen Stuhl, bis es weniger und weniger wurden. Imke ging als Siegerin hervor und wurde von ihrem Vater, Bruder, Stefan und Siegfried Ratke in die Luft geworfen. Sie kreischte laut, und es war unklar, ob aus Freude oder Angst.

Kurz vor Mitternacht holten Klaus und Bärbel den Sekt.

»Jetzt auf Kommando«, rief Hauke, der eine Flasche in der Hand hielt. »Bei drei geht's los: eins, zwei, dreiiii!«

Sechs Korken ploppten gleichzeitig auf und flogen durch den Raum, bei allen Flaschen lief der Schaum heraus, was wieder fröhliches Gekreische zur Folge hatte.

»Das schönste Geböller aller Zeiten«, lachte Kirsten.

Sie strahlte Ernst an, der zurücklächelte und gleichzeitig ein schlechtes Gewissen hatte. Ursel gesellte sich zu ihnen.

»Hast du es gut, Kirsten, dass dein Mann da ist«, stellte sie reichlich beschwipst fest. »Aber wenigstens muss ich nicht allein sein. Ich wette, Rolf hat nicht ansatzweise einen so lustigen Abend wie wir.«

Als alle ihre Gläser gefüllt hatten, wurde heruntergezählt und lautstark angestoßen. Die neuen Freunde umarmten sich und wünschten sich Glück.

»Das ist das tollste Silvester, das wir je hatten«, rief Bärbel laut in das Durcheinander. »Frohes neues Jahr, liebe Gäste, nein, liebe Freunde.«

»Frohes neues Jahr!«

Stefan nahm wieder seine Gitarre, und sofort war die Tanzfläche gefüllt. Die gesamte Feiergesellschaft packte sich an den Schultern und veranstaltete unter Führung von Stefan lautstark eine Polonaise durch den Gastraum und den eiskalten Festsaal. Bis in die frühen Morgenstunden wurde getanzt, gesungen und gelacht, und alle versicherten sich gegenseitig, nie ein schöneres Silvester gefeiert zu haben.

7
Montag, 1. Januar 1979

In den Katastrophengebieten Norddeutschlands hat sich die Lage bis zum Abend leicht gebessert. […]

Die Landesregierung in Kiel rechnet noch mit mehreren Tagen, bis sich die Lage wieder normalisiert hat. Für private Autofahrer sind im nördlichsten Bundesland noch immer viele Straßen gesperrt. Auch auf mehreren Eisenbahnstrecken ruht dort der Verkehr. 30 Ortschaften sind noch immer ohne Strom.

Klirrende Kälte, blauer Himmel und Sonnenschein: Schleswig-Holstein heute Morgen. Nach den Stürmen der vergangenen Tage hieß das für den Krisenstab in Kiel: endlich Hubschrauberwetter. Über 30 Helikopter von Bundeswehr und Grenzschutz versorgten eingeschlossene Ortschaften, brachten Notstromaggregate und flogen Patienten in Krankenhäuser. 3.000 Soldaten sind seit über zwei Tagen mit Spezialfahrzeugen unterwegs, um die wichtigsten Straßen zu räumen und Autos wieder flott zu bekommen. […]

Klare Sicht auch an der Ostseeküste. Der Sturm war in der vergangenen Nacht abgeflaut. […] Der Kreis Schleswig ist besonders schlimm betroffen. Hier waren die meisten Ortschaften abgeschnitten und ohne Strom.

Unzählige Tiere sollen in vollautomatischen Schweinemästereien und Hühnerfarmen verendet sein.

Tagesschau, 1.1.1979

*

Der Morgen graute, und etwas war anders. Thomas versuchte, sich aus seiner unbequemen Position zu lösen. Er hatte es sich wie bereits gewohnt auf den vorderen Sitzen eingerichtet, während Sibylle im ausgeklappten Kofferraum lag. Sein Kopf schmerzte wie verrückt, denn er hatte in der stockfinsteren Nacht noch die ganze Flasche Rotwein allein ausgetrunken. Thomas blinzelte und lauschte, und als er die Veränderung begriff, riss er die Augen auf. Das Heulen des Windes hatte nachgelassen, und es war viel heller als an den anderen Tagen, seit sie in ihrem Auto gefangen waren.

Thomas richtete sich auf und bewegte seinen Oberkörper und die fast tauben Arme, die zu kribbeln anfingen. Als er den Kopf hin und her drehte, knackte es in seinem Hals. Dann versuchte er, das Beifahrerfenster aufzukurbeln. Er hörte Eis knirschen. Der Schlitz, der sich öffnete, war denkbar klein. Er reichte gerade, um mit dem Gesicht nah heranzukommen und nach oben zu schauen. Thomas' Herz machte einen Hüpfer.

»Blauer Himmel, Sibylle, siehst du das?«, rief er aus. »Die Sonne scheint, oh mein Gott, die Sonne. Es hat aufgehört zu schneien!«

Aus dem Kofferraum drang kein Laut.

»Bille, hörst du? Die Sonne scheint, der Sturm ist vorbei. Jetzt werden sie uns finden.«

Als er immer noch keine Reaktion wahrnahm, näherte Thomas sich seiner Frau und streichelte ihr Gesicht. Es war bleich und kalt, die Lippen schimmerten blau, aber ihre Augen flimmerten. Thomas tätschelte aufgeregt ihre Wangen.

»He, komm, Bille, jetzt nicht schlappmachen. Wach auf.«

Sibylle schlug langsam die Augen auf und schaute durch ihren Mann hindurch. Sie war in einen Zustand der totalen Gleichgültigkeit geglitten. Sie verspürte weder Durst noch Hunger, ihr Darm hatte seine Bewegungen eingestellt, auch die Blase drückte nicht. Ja, ihr war noch nicht einmal mehr kalt. Ein angenehmes, leichtes Gefühl.

»Hörst du, die Sonne scheint. Heute werden wir gefunden. He, was ist los mit dir?«

Thomas zog ihren rechten Handschuh aus und hielt ihre Hand zwischen seinen. Sie fühlte sich eiskalt an, noch viel kälter als gestern, und war so bläulich-blass, als wäre schon alles Blut daraus gewichen. Thomas stülpte den Handschuh wieder darüber.

»Gib mir deinen Schal, komm, wir müssen uns bemerkbar machen.«

Sibylle wollte einfach nur ihre Ruhe. Sie schloss die Augen wieder. Thomas griff nervös nach dem roten Strickschal, den sie sich um den Hals gewickelt hatte, und zog ihn von ihr weg. Schließlich stopfte er ihn durch den kleinen Fensterschlitz und klemmte das Ende im Fenster ein. Er konnte gerade noch erkennen, wie der Wind den Schal aufrichtete und ihn flatternd in der Luft hielt.

»Jetzt sieht man uns«, sagte er aufgeregt. »Jetzt werden wir gefunden.«

Dann wandte er sich wieder Sibylle zu.

»Sag was, Bille, du musst mit mir sprechen«, flehte er,

während er ihr Gesicht streichelte. »Du musst bei mir bleiben. Jetzt wird doch alles gut. He, komm, sag was.«

»Was«, murmelte Sibylle.

»Der Sturm ist vorbei. Bestimmt kommt gleich jemand.«

Thomas wurde ungeduldig, er überlegte, was er noch tun könnte. Noch einmal drückte er sein Gesicht an die Fensterscheibe und überzeugte sich, dass der Schal im Wind wehte. Wenn nur bald einer käme. Er fing an, auf die Hupe zu drücken, immer und immer wieder.

»Ich mach so einen Krach, Bille, das muss doch jemand hören. Gleich findet man uns. Bille?«

Thomas drehte sich in Richtung Fond. Sibylle lag dort unverändert und hatte die Augen wieder geschlossen. Sie schien zu schlafen, was Thomas seltsam vorkam bei der Huperei.

»Bille, jetzt wach doch auf!«

Mit seinen Fingern ertastete er ihren Puls am Hals. Er spürte ihren Herzschlag. Ganz schwach konnte er ihn wahrnehmen. Hastig wandte Thomas sich wieder um und drehte den Zündschlüssel. Der Motor sprang nicht mehr an, die Heizung blieb stumm. Thomas griff nach seiner Decke, legte sie über die von Sibylle und hoffte, dass die zusätzliche Schicht einen Effekt hatte. In Thomas kroch die blanke Angst hoch. Sie darf nicht sterben. Lieber Gott, lass sie nicht sterben, betete er, und das tat er sonst nie. Er glaubte ja noch nicht einmal an Gott. Aber gerade brauchte er dringend Hilfe, irgendjemanden, an den er sich wenden konnte in seiner Not; und wenn es Gott gab, dann würde er sie doch jetzt nicht nach so langer durchgehaltener Zeit noch verrecken lassen. Hilf uns, Gott, dass wir hier rauskommen. Dass uns jemand findet, bevor Sibylle ihre letzte Kraft verliert. Lass mich nicht allein. Hilf uns, bitte. Thomas drückte wieder auf die Hupe.

In Heinz Schröders Kommandozentrale herrschte nach Tagesanbruch Hochbetrieb. Endlich Flugwetter! Jetzt galt es, so schnell wie möglich ausreichend Hubschrauber zu organisieren, um die Ärzte und die junge Mutter mit ihrem Kind nach Flensburg zu transportieren.

»Doktor Fink, Doktor Schaupe, bitte kommen!«

Das Schnarren und Piepen weckte Hans, und er öffnete langsam die Augen. Die Sonne fiel durchs Fenster auf das Suzi-Quatro-Poster an der Wand. Hans fühlte sich noch erschöpfter als am Vortag. Der Kater war mächtig. Neben ihm griff Rolf Schaupe zielsicher nach dem Funkgerät, das er vor sich auf dem Fußboden abgelegt hatte.

»Doktor Schaupe hier, was gibt es?«

»Schlafen Sie noch? Abhilfe kommt, Herr Doktor«, erklärte Heinz Schröder. »Ihre Kollegen werden gerade im Ort eingesammelt. Wir schicken außerdem einen Hubschrauber direkt zu den Lausens, und Sie fliegen dann mit Mutter und Kind nach Flensburg.«

»Verstanden«, antwortete Rolf Schaupe, der es mittlerweile geschafft hatte, sich auf die Sofakante zu setzen.

»Sagen Sie den Lausens, sie sollen eine Landefläche kennzeichnen. Ich schätze, gegen viertel nach neun ist der Hubschrauber da.«

»Also in einer halben Stunde. Wird gemacht. Vielen Dank, Herr Schröder.« Rolf erhob sich.

»Kommst du mit?«, fragte er Hans, der ebenfalls das Bett verließ. Sie hatten am Vorabend Brüderschaft getrunken, wie Hans jetzt wieder einfiel.

»Selbstverständlich.«

Im Wohnzimmer lagen die Andersens auf Matratzen auf dem Boden, Alfred Lausen auf dem Sofa, und Sven hing in einem Sessel. Alle schliefen, Georg Andersen schnarchte laut. Rolf klatschte in die Hände.

»Aufstehen!«, rief er. »Es geht los. Der Hubschrauber ist gleich unterwegs, um Gunda abzuholen. Wir müssen eine Landefläche kennzeichnen.«

Sven fuhr hoch. »Was? Jetzt? Ich komme.«

Er hatte sich gar nicht erst ausgezogen und sprang gleich auf. »Vadder, komm, wir müssen raus.«

Alfred Lausen war noch so betrunken, dass er sich überhaupt nicht rührte. Auch die Andersens machten keine Anstalten, die Augen aufzuschlagen. Sven war zu ungeduldig, um seinen Vater zum Aufstehen zu bewegen, und machte sich alleine auf den Weg nach draußen.

Währenddessen schaute Hans nach Gunda. Sie hatte eine unruhige Nacht gehabt und sah sehr müde aus.

»Svenja will immer noch nicht richtig trinken«, sagte sie bekümmert, während sie versuchte, das quengelnde Baby zu beruhigen.

»Keine Sorge«, beruhigte Hans, »jetzt kommt Ihr Flugtaxi nach Flensburg, dort wird man sich gut um die Kleine und um Sie kümmern.«

»Ich bin noch nie geflogen, schon gar nicht Hubschrauber, ich habe direkt ein bisschen Angst.«

»Ich auch nicht«, lachte Hans, »aber freuen Sie sich, das ist etwas Besonderes. Das Wetter ist gut, und Doktor Schaupe wird bei Ihnen sein.«

»Chef, das war wirklich super, dass Sie bei dem Sturm zu uns gekommen sind. Ich hab echt den besten Chef der Welt.«

»Danke für die Blumen«, antwortete Hans gerührt. »Das hätte ich für jeden gemacht, aber für Sie natürlich besonders gern. Hoffentlich kommen Sie bald wieder in die Praxis.«

»Ich komm auf jeden Fall zurück, Chef, keine Sorge.«

Währenddessen schippte Sven in Windeseile den Eingang zu dem kleinen, nicht mehr benutzten Stall frei und holte einen Strohballen hervor, den er auf das freie Feld neben dem Haus schleppte. Auch eine Flasche Spiritus nahm er mit. Es war anstrengend, ständig sackte er ein, und die dünne Schnur um den Ballen schnitt trotz der Handschuhe in seine Finger, die allein durch die Kälte schon ganz klamm waren. Auf einer ebenen Schneefläche mit ausreichend Abstand zum Haus angekommen, verteilte er das Stroh großzügig und schüttete Spiritus darüber. Sven griff in seine Jackentaschen, dann in seine Hosentaschen, fand aber kein Feuerzeug.

»Mist«, fluchte er.

Er drehte sich um und stakste, so schnell er konnte, zurück zum Haus. Wenn er nur noch genug Zeit hätte und der Hubschrauber nicht über sie hinwegflog. Besorgt schaute er den ganzen Weg über in den Himmel.

»Ich brauche ein Feuerzeug, schnell«, rief er aufgeregt in den Hausflur und seine Mutter beeilte sich, ihm eines zu reichen. Sven machte augenblicklich kehrt zurück zu seinem Strohhaufen und hielt das Feuerzeug an das Stroh. Die Flammen breiteten sich rasch aus, und schon hörte Sven das Knattern des herannahenden Hubschraubers. Er wedelte mit den Armen, der Hubschrauber verlor an Höhe und flog auf ihn zu. Es wehte, Schnee stob hoch und ihm direkt ins Gesicht, sodass er sich abwenden musste. Die Rotoren wurden langsamer, zwei Männer stiegen aus, holten noch eine Trage und folgten Sven ins Haus.

Während Gunda und Svenja transportfähig gemacht wurden, packte Hans seine Sachen zusammen.

»Sagen Sie, hätten Sie noch ein Plätzchen für mich? Können Sie mich in Söreby absetzen, das sind nur drei Kilometer von hier?«

»Das muss der Pilot entscheiden«, sagte einer der Sanitäter, »aber warum nicht? Kommen Sie einfach mit.«

Hans verabschiedete sich herzlich von Frau Lausen und den Andersens. Alfred Lausen schlief immer noch und bekam von dem Trubel um ihn herum nichts mit. Georg Andersen gab Hans das Funkgerät. »Nehmen Sie es mit, Sie können es bestimmt noch mal gebrauchen.«

Gunda hielt ihre Tochter eng an ihre Brust gedrückt, als sie nun warm eingepackt aus dem Haus getragen wurde. Sven folgte aufgeregt, obwohl er zu Hause bleiben musste, Rolf Schaupe und Hans bildeten die Nachhut.

Der Pilot hatte nichts dagegen, einen kleinen Umweg zu fliegen. Hans stieg voller Vorfreude auf den ersten Hubschrauberflug seines Lebens ein. Er bekam einen Lärmschutz auf die Ohren gesetzt und durfte neben dem Piloten Platz nehmen. Schon hob der Helikopter ab. Hans blickte fasziniert auf die Winterwelt unter ihm. Der gesamte Landstrich war unter einer weißen Decke verschwunden, bei manchen Häusern schaute nur noch das Dach hervor. Autos konnte er überhaupt nicht mehr ausmachen. Auch die Bäume waren ganz in Weiß getaucht. Als die Ostsee in seinem Blickfeld erschien, stockte Hans der Atem. Das Meer war erstarrt, schien mitten im wildesten Wellengang eingefroren zu sein, Eisschollen türmten sich übereinander. Es war ein Bild von bizarrer Schönheit. Dann entdeckte Hans sein Wohnhaus. Er gab dem Piloten ein Zeichen, dieser nickte und setzte zur Landung an.

»Können wir heute endlich mal raus?«, fragte Tobi aufgeregt, nachdem alle festgestellt hatten, dass die Sonne schien und es nicht mehr stürmte. Er hüpfte auf seiner Matratze vor dem Kamin auf und ab.

»Ja, das machen wir gleich«, antwortete Rena. »Aber zuerst gibt es Frühstück.«

»Ich hab keinen Hunger. Ich will jetzt raus«, forderte Tobi zappelig, aber Rena blieb hart.

Sie holte Wasser, während Lisbeth und Hermann das Feuer schürten, und stellte fest, dass sie genauso ungeduldig wie ihre Kinder war, nach so vielen Tagen endlich wieder aus dem Haus zu kommen.

»Ich werde zum Spar-Meier laufen, auch wenn Feiertag ist«, erklärte Rena, während sie ihren Kaffee trank. »Ich wette, der öffnet heute, und wenn nicht, klopfen wir. Kommt ihr mit? Wir nehmen Tobis Schlitten und können uns abwechselnd ziehen.«

»Was machen wir da?«, wollte Oliver wissen.

»Wir brauchen Batterien. Auf jeden Fall möchte ich die Batterien der Telefonanlage wechseln, um auszuschließen, dass wir deswegen nicht erreichbar sind. Und wir haben weder Brot noch Milch übrig.«

»Aber erst dürfen wir etwas Schlitten fahren, ja?«, rief Tobi. Er stand schon auf, um sich schnell anzuziehen.

»Also gut, los mit euch.«

Von der Aussicht aus dem großen Panoramafenster im Wohnzimmer war nichts mehr übrig, der Schnee hatte es komplett bedeckt. Rena ging hinauf in ihr eiskaltes Schlafzimmer direkt über dem Wohnzimmer. Der Schnee reichte bis an die Fenster im ersten Stock heran. Rena öffnete das Fenster, dessen Scheibe vereist war, und betrachtete fasziniert die schneebedeckte Landschaft. Die Ostsee im Hintergrund war farblich nicht auszumachen, alles war weiß. Die Luft war so kalt, dass sie in den Atemwegen schmerzte.

»Ich bin der Erste«, rief Tobi, der mit seinem Schlitten ins Schlafzimmer kam.

Rena stellte eine kleine Bank vor das Fenster. »Ich reiche dir den Schlitten, raus mit dir.« Sie öffnete das Fenster, Tobi kletterte hinaus und nahm draußen seinen Schlitten in Empfang.

»Jetzt geht es endlich los!« Begeistert setzte er sich drauf und sackte ein. Der Schlitten bewegte sich kein bisschen.

»Das geht gar nicht«, stellte er enttäuscht fest. Er ließ den Schlitten stecken, legte sich hin und kugelte die Schneewehe hinunter.

Jetzt stiegen auch Mascha und Oliver aus dem Fenster. Statt eines Schlittens hatten sie sich große Plastiktüten mitgenommen.

»Mütze auf, Oli«, mahnte Rena noch, bevor dieser sich auf das Plastik setzte und sich abstieß. Im Gegensatz zum Schlitten funktionierte es mit der Tüte auf Anhieb, die Schneewehe hinunterzurutschen. Mascha folgte und juchzte.

Mit ihrer bloßen Hand kratzte Rena ein Guckloch in der Fensterscheibe frei. Dann schloss sie das Fenster und schaute durch das Loch ihren Kindern zu, die ein ums andere Mal begeistert die Schneewehe hochkletterten und wieder herunterrutschten.

»Kannst du mir auch eine Plastiktüte holen?«, fragte Tobi irgendwann, nachdem er es noch einmal mit seinem Schlitten probiert hatte. »Ich will auch schnell sein.«

Als Rena ihm eine herausreichte, kam das Geräusch eines Hubschraubers immer näher. Alle schauten hoch. Der Hubschrauber flog tiefer und setzte auf dem Feld direkt hinter Finks Grundstück zur Landung an. Es wurde immer lauter, Schnee wurde hochgewirbelt. Die Kinder unterbrachen ihre Rutschpartien und schauten fasziniert zu.

»Papa«, riefen sie begeistert, als sie erkannten, wer aus dem Hubschrauber stieg, und rannten ihrem Vater entgegen.

Der Hubschrauber stieg wieder auf, und Hans umarmte seine Kinder. Aus dem Schlafzimmer beobachtete Rena ihre Familie, die zum Haus kam. Sie öffnete das Fenster.

»Hier ist der Eingang«, rief sie hinaus und winkte.

Hans lief die Schneewehe hoch und stand schließlich vor ihr. Er musste sich bücken, um Rena anzuschauen.

»Hans Fink, ganz flink«, grinste sie. »Schön, dass Sie wieder da sind, Herr Doktor.«

Hans lächelte sie an. »Lässt du mich rein?«

»Klar. Aber nur ohne Schuhe. Warte, ich zieh sie dir aus.«

Sie zog an den Stiefeln, und Hans kletterte nach innen und nahm Rena in die Arme.

»Wir haben dich vermisst«, murmelte sie an seine Brust gelehnt.

»Ich euch auch«, seufzte Hans.

»Ist mit Gunda alles in Ordnung?«

»Ja, aber ihre Tochter Svenja ist sehr klein. Die beiden werden gerade mit diesem Hubschrauber nach Flensburg gebracht.« Hans setzte sich aufs Bett. »Das war eine anstrengende Steißgeburt. So etwas habe ich noch nie erlebt. Aber sie ist gutgegangen. Das war nicht von Anfang klar.«

»Glückwunsch, ich wusste, dass du es schaffst.« Rena setzte sich neben ihn. »Wir gehen gleich zum Spar-Meier. Hast du Lust, mitzukommen?«

»Wenn ich ehrlich bin, möchte ich einfach nur schlafen.« Hans ließ sich mit dem Oberkörper auf das Bett fallen. »Ich bin so erschöpft. Nachher erzähle ich dir alles.«

Regelmäßig drückte Thomas auf die Hupe und ließ Sibylle dabei nicht aus den Augen.

»Bille? Bleib bei mir, hörst du? Ich will nicht ohne dich sein. Ich will mit dir zusammen alt werden. Du kannst jetzt nicht einfach gehen. Wir haben es doch fast geschafft. Der Sturm ist vorbei. Gleich kommt jemand und holt uns raus, hörst du, Bille?«

Thomas redete ohne Unterlass und überprüfte ständig, ob seine Frau noch lebte. Sibylles Augen flackerten, aber ansonsten zeigte sie keine Regung.

Thomas wurde schier verrückt in seinem Gefängnis. Er musste hier raus. Sie mussten hier raus. Mit dem Eiskratzer aus dem Handschuhfach kratzte er die Innenseite des Beifahrerfensters frei. Thomas blickte nach oben und sah durch den schmalen Spalt den Schal flattern. Er hielt dessen Ende fest und kurbelte das Fenster die wenigen möglichen Zentimeter herunter. Dann quetschte er seine Finger hindurch und fing an, den Schnee zu Seite zu schieben. Es ging eigentlich gar nicht, da er es nicht einmal schaffte, seine Hand komplett aus dem Fenster zu bekommen, zu schmal war der Spalt.

»Hallo? Ist da jemand?«, fragte plötzlich aus dem Nichts eine männliche Stimme.

Vor Thomas' Fingern tauchten zwei Stiefelspitzen im Schnee auf. Er unterbrach seine Bewegungen.

»Hört mich hier jemand, hallo?«, wiederholte die Stimme.

»Hallo, ja, wir sind hier drinnen. Helfen Sie uns, bitte«, rief Thomas aufgeregt und klopfte mit der linken Hand gegen das Autodach und die Scheibe.

»Wie viele Personen sind Sie?«

»Meine Frau und ich. Bitte beeilen Sie sich. Meine Frau ist nicht mehr ansprechbar. Sie stirbt!«

»Ich komme sofort zurück. Ich hole Hilfe. Halten Sie noch einen Moment durch.«

Thomas hörte am Knirschen des Schnees, wie sich der Mann entfernte. Er wusste nicht, ob er erleichtert sein, sich freuen durfte oder Angst haben musste.

»Bille? Hast du das mitbekommen? Wir sind gefunden worden. Gleich werden wir freigeschaufelt. Komm, sag mal was.«

Thomas griff nach ihrer Hand, über die er wieder den Handschuh gestülpt hatte. Sibylle antwortete mit einem schwachen Druck. Sie lebt noch, dachte Thomas, Gott sei Dank.

Es kam ihm wie eine Ewigkeit vor, bis der Mann zurückkam. Er brachte Verstärkung mit.

»Hallo? Wir sind jetzt da. Wir sind zu viert. Wo sollen wir am besten graben? Welches Fenster ist das hier, aus dem Sie sprechen?«

»Das Beifahrerfenster. Fangen Sie beim Kofferraum an«, rief Thomas durch den Spalt. »Meine Frau liegt dort. Sie bewegt sich nicht mehr.«

»Legen Sie sich zu Ihrer Frau, um Sie zu wärmen.«

Thomas kroch in den Fond und wurde immer ungeduldiger, je mehr von dem Schnee, der das Auto umgab, weggeschaufelt wurde.

»Gleich haben wir es geschafft, Bille, gleich sind wir hier raus, die Fensterscheibe hinten ist schon frei. Ich seh schon was«, redete er auf Sibylle ein, die sich trotz dieser guten Nachricht nicht mehr rührte. Thomas konnte immer noch ihren Puls spüren, aber er erschien ihm sehr schwach.

Schließlich wurde die Kofferraumklappe geöffnet, und vier Gesichter schauten herein.

»Meine Frau …«, stammelte Thomas.

»Beruhigen Sie sich, wir nehmen Ihre Frau jetzt mit«, sagte ein Mann mit grauem Bart. »Was ist mit Ihnen, können Sie laufen?«

»Ich versuch's, ich habe es ja schon ewig nicht getan.«

»Seit wann stecken Sie denn fest?«

»Seit … über drei Tagen. Ja, seit dem 29. Dezember.«

»Drei Tage? Unfassbar! Das ist ja ein Wunder.«

Die Männer schauten ihn an, als könnten sie es nicht glauben. Dann ging alles ganz schnell. Sie zogen Thomas hervor, der versuchte, sich unter freiem Himmel aufzurichten, und erst einmal zusammensackte. Die Sonne ließ den Schnee glitzern, und er musste die Augen zusammenkneifen. Als er schließlich auf wackeligen Füßen stand und sich an die Helligkeit gewöhnt hatte, sah er sich erstaunt um. Überall war meterhoher Schnee, von einer Straße nichts zu erkennen. Als er Richtung Westen blickte, stockte ihm der Atem.

»Da … da ist ja ein Haus!« Es stand höchstens zweihundert Meter entfernt, aus seinem Schornstein qualmte

Rauch. »Das Haus, das ist ja verrückt. Warum haben wir es denn nicht gesehen?«

Die Männer zuckten mit den Schultern. Auf dem Schnee hatten sie eine Decke ausgebreitet und holten jetzt vorsichtig Sibylle aus dem Wagen und legten sie darauf. Dann nahm jeder der Männer eine Ecke, und gemeinsam hoben sie Sibylle behutsam hoch.

»Kommen Sie, junger Mann. Jetzt geht es in die Wärme.« Der grauhaarige Mann lächelte ihn an und wies mit dem Kinn zu dem Haus.

Thomas stolperte seinen Rettern hinterher. Laufen fühlte sich seltsam an, und er sank ständig im tiefen Schnee ein. Es war wirklich nur ein kurzer Marsch zu dem Haus, bei dem jetzt die Tür aufging. Eine ältere Frau ließ sie eintreten. Thomas weinte, als ihn die Wärme im Inneren empfing. Sibylle wurde in ein Zimmer gleich neben dem Eingang gebracht und auf ein Bett gelegt, Thomas folgte mechanisch und blieb hilflos in der Tür stehen. Die Frau breitete eine dicke Daunendecke über Sibylle.

»Legen Sie sich zu Ihrer Frau«, sagte sie gütig zu Thomas, der laut schluchzte. »Mein Mann versucht zu organisieren, dass so schnell wie möglich ein Arzt kommt. Ich mache Ihnen etwas Heißes zu trinken. Möchten Sie Kaffee oder Tee?«

Arne und Carsten saßen auf der Küchenbank und hielten je ein Schweinchen auf ihrem Schoß und gaben ihnen geduldig die Flasche. Die Ferkel wirkten viel aufgeweckter als am Vortag, gleichzeitig zutraulicher und zappelten nicht mehr. Das gute Wetter hatten alle Truelsens erleichtert zu Kenntnis genommen. Michaela hatte sich gleich am frühen Vormittag durch den Schnee zum Spar-Meier nach Söreby gekämpft und gerade noch sechs Haushaltskerzen zu einem Wucherpreis bekommen. So hatten sie zumindest heute Abend etwas Licht, falls es mit dem Stromausfall noch andauerte, was für die Tiere eine Katastrophe wäre.

Die Lage im Schweinestall war nach wie vor angespannt. Achim entdeckte ein weiteres älteres Ferkel, das leblos in der Box lag. Er brachte es nach draußen zu den anderen Kadavern, die vor der Stallwand von einer Schneeschicht überzogen und komplett eingefroren waren. Es war zum Heulen. Mehrfach schon waren heute Hubschrauber über den Hof geflogen, und jetzt entschied sich Achim, zu handeln. Er konnte nicht warten, bis endlich wieder der Strom funktionierte. Sie brauchten sofort Hilfe. Er musste sich bemerkbar machen.

»Haben wir etwas Großes, Rotes?«, fragte er seine Eltern und Michaela. »Oder irgendetwas anderes Farbiges?«

Ihnen fiel nichts ein, aber Otto wusste, dass es noch rote Farbe in der Werkstatt gab. Leider war sie eingefroren. Achim brachte sie in den Kuhstall, ganz nah an das Vieh heran, aber er hatte überhaupt keine Geduld zu warten, bis eventuell die Farbe wieder aufgetaut war. Stattdessen suchte er nun alte Pappe und klebte die Einzelteile zu einem riesigen Schild zusammen. Mit einem dicken schwarzen Stift schrieb Michaela schließlich

HILFE in riesigen Buchstaben darauf, malte jeden einzelnen noch aus und umrahmte ihn mit einem roten Stift. Das Schild legten Achim und Michaela an von oben gut sichtbarer, offener Stelle in den Schnee unweit des Hofes und sicherten es vor dem Wegfliegen mit Backsteinen. Daneben befestigten sie auf dieselbe Art noch ein großes rotes Handtuch im Schnee.

»So«, Achim richtete den Blick gen Himmel. »Jetzt müssen wir nur noch warten und hoffen, dass bald wieder ein Hubschrauber in unsere Nähe kommt.«

Michaela blieb mit den beiden Jungen draußen, um ja keinen Flug zu verpassen, während Achim zu seinem Vater in den Stall ging, um weiter zu melken.

Nach Tagen im Haus genossen Carsten und Arne den Schnee und tobten herum, während Michaela unablässig in den Himmel starrte.

Vor dem Spar-Meier hatte sich eine lange Schlange gebildet. Rena war bei Weitem nicht die Einzige, die heute auf die Idee kam, sich trotz Feiertages mit Nachschub einzudecken. Es kam ihr fast wie ein Dorffest vor, jeder begrüßte den anderen überschwänglich, und man erzählte sich, wie es einem in den letzten Tagen so ergangen war.

Der Spar-Meier hatte seinen Selbstbedienungsladen geschlossen und reichte die Ware stattdessen an der Tür heraus.

»Brot und Milch habe ich nicht mehr«, bedauerte er, als Rena an der Reihe war. »Ist schon seit Stunden aus. Der Bäcker hat auch nichts mehr, die Leute haben ihn regelrecht gestürmt. Dem ist sogar die Hefe ausgegangen. Die Milch holen Sie am besten direkt vom Bauern, die gerade mehr als genug haben. Ich jedenfalls bin ausverkauft.«

»Gut, das probiere ich. Haben Sie denn noch Nudeln?«

»Damit kann ich dienen.« Der Kaufmann verschwand kurz und kam mit einer Packung zurück. »Muss ich leider rationieren«, bedauerte er.

»Das reicht mir, danke.« Rena griff nach den Nudeln und steckte sie ein. »Dann brauche ich noch Blockbatterien.«

»Da haben Sie Glück, davon habe ich noch vier, alle anderen Batterien sind schon längst weg. Wie viele brauchen Sie?«

»Alle vier, bitte, wir benötigen sie dringend für die Telefonanlage«, antwortete Rena und wartete geduldig, bis der Spar-Meier wiederkam.

»Macht fünfundzwanzig Mark«, erklärte er und hielt ihr die Batterien mit flach ausgestreckter Hand hin. »Fünf für die Nudeln, zwanzig für die Batterien.«

»Zwanzig Mark für vier Batterien? Fünf für eine Packung Nudeln?«, fragte Rena entgeistert. »Ja, sind Sie denn verrückt geworden?«

»Angebot und Nachfrage, Frau Doktor«, erklärte der Kaufmann ungerührt.

»Jetzt will ich Ihnen mal was sagen.« Rena ging näher an den Spar-Meier heran, senkte aber keinesfalls die Stimme. Es sollte ruhig jeder hören, was sie zu sagen hatte. »Wenn Sie uns alle in dieser Situation über den Tisch ziehen wollen, weil wir gerade keine Möglichkeit haben, woanders einzukaufen, dann wird Ihnen das früher oder später noch sehr leidtun. Dann werden Sie noch jammern, dass gar niemand mehr zu Ihnen kommt. Sie verlangen Wucherpreise, das ist unverschämt. Zehn Mark zahle ich für die Batterien, höchstens. Und zwei für die Nudeln.«

»Zehn Mark kosten vier Blockbatterien bei mir unter normalen Bedingungen. Sagen wir dafür fünfzehn.«

»Zwölf, letztes Wort.«

»Dreizehn.«

»Fünfzehn für alle Batterien und die Nudeln. Wir brauchen die Batterien für die Telefonanlage, damit wir erreichbar sind. Das wollen Sie mit Ihren Wucherpreisen doch nicht unterbinden.«

»Also gut, weil Sie es sind, Frau Doktor.«

Verärgert nahm Rena die Batterien und zog ihren Geldbeutel hervor. »Beschweren Sie sich später nicht über mangelnde Kundschaft, das haben Sie sich selbst zuzuschreiben.« Sie ließ sich Zeit, zählte ihr Kleingeld zusammen und drückte ihm schließlich viele kupferfarbene Münzen in die ausgestreckte Hand.

»Hab ich gehört, Frau Doktor.« Der Spar-Meier verzog keine Miene, als er das Geld in seiner Kitteltasche verschwinden ließ. »Eine Sache noch, bevor Sie gehen. Vielleicht könnten Sie Ihren Mann bitten, dass er nach Willi Moretzka schaut.«

Rena horchte auf. »Warum denn das?«

»Herr Moretzka kommt jeden Tag zu mir, sommers wie winters, sonn- oder feiertags, und holt sich seine Tagesration Alkohol. Komme, was wolle. Jetzt habe ich ihn schon seit dem 28. Dezember nicht mehr gesehen. Er müsste längst hier gewesen sein, das hält er doch so lange gar nicht aus.«

»Es ging aber auch schlecht, Sie aufzusuchen«, wandte Rena ein. »Bei dem Wetter hat schließlich niemand freiwillig das Haus verlassen.«

»Aber er braucht doch seinen Alkohol«, widersprach der Kaufmann. »Verstehen Sie, er hat ja gar keine Wahl.«

»Vielleicht hatte er einfach genügend im Haus für die Tage?«, mutmaßte Rena. »Oder er trank einfach weniger?«

»Nie im Leben. Glauben Sie mir, ich kenne ihn schon viel länger, als Sie überhaupt hier Ihre Praxis betreiben. Herr Moretzka kann gar nicht bevorraten. Der ist seit Jahrzehnten schwerster Alkoholiker. Er trinkt gleich aus, was er hat. Darum kommt er ja zwei-, dreimal täglich zu mir, selbst am Sonntag. Und warum war er jetzt noch nicht hier? Mittag ist gleich vorbei. Nein, das passt überhaupt nicht zu ihm. Er wohnt doch nicht allzu weit von Ihnen entfernt, gucken Sie nach ihm, einfach zur Sicherheit, dass es ihm gut geht.«

»Ich verstehe«, Rena steckte ihren Geldbeutel wieder ein, »Sie haben recht, es schadet nicht, bei ihm vorbeizugehen. Sicher ist sicher.«

»Hier, nehmen Sie den für ihn mit. Er wird ihn brauchen.«

Rena fragte sich, ob der griesgrämige Kaufmann ihr die kleine Flasche Korn aus Sorge oder Eigennutz zusteckte, verstaute sie in ihrer Tasche und machte sich mit ihren Kindern auf den Rückweg. Als sie sich ihrem Haus näherten, ging Rena das Herz auf. Sämtliche Nachbarn waren damit beschäftigt, die Auffahrt und den Weg zur Praxis freizuschaufeln, damit der Doktor aus dem Haus kam. Zum ersten Mal seit Tagen war die Haustür wieder benutzbar.

Hans schlief tief und fest auf dem Sofa im Wohnzimmer, als Rena an seinem Arm rüttelte.

»Hans, es tut mir leid, aber du musst aufstehen. Wir müssen zu Willi Moretzka laufen. Vielleicht geht es ihm nicht gut.«

»Was?« Verschlafen öffnete Hans die Augen. »Ist gut, ich komme.« Wie ferngesteuert stand er auf, wie immer, wenn ein Notfall rief. Gerne wäre er noch länger liegen geblieben; er spürte, wie sehr ihn die letzten Tage doch angestrengt hatten.

Wenig später machte er sich mit Rena auf den Weg, und diese berichtete, was der Kaufmann befürchtete. Rena hatte den Flachmann eingepackt, Hans auf bewährte Weise den Arztkoffer in den Rucksack gesteckt. Außerdem hatte er das Funkgerät dabei, das Georg Andersen von der freiwilligen Feuerwehr mitgebracht und ihm zum Abschied in die Hand gedrückt hatte. Für alle Fälle nahm Hans noch eine Schaufel in die Hand. Während sie über die hohen Schneewehen liefen, dabei ein ums andere Mal einsanken und sich gegenseitig wieder herauszogen, konnten sich beide nicht vorstellen, dass der alte Herr Moretzka freiwillig das Haus verlassen wollte.

Klein und verlassen wirkte die alte Reetdachkate, einsam stand sie am Rande einer Hecke abseits der Straße. Sie hatte sicher schon bessere Tage gesehen, dachte Hans. Die Seite, an der der Hauseingang lag, war komplett zugeschneit. Als die beiden näherkamen, hörten sie unablässiges Bellen.

»Es klingt irgendwie dringend«, befand Rena.

Sie liefen um das Haus herum und schauten in die Fenster. Im Schlafzimmer war niemand zu entdecken, das Bett wirkte schmuddelig, die Bettdecke war so zurückgeworfen, als wäre Herr Moretzka gerade aufgestanden. In der Küche sah Rena nichts als Unordnung. Schließlich der Blick ins Wohnzimmer. Raudi stand inmitten von Flaschen auf dem Fußboden und bellte sich schier die Seele aus dem Leib. Von Moretzka war nichts zu sehen. Hans und Rena befiel ein ungutes Gefühl.

»Hier können wir rein. Es ist nicht abgeschlossen«, sagte Hans und öffnete die Stalltür.

Auf dem Fußboden des schon lange nicht mehr benutzten Stalls entdeckten sie im dicken Staub Fußspuren, die nach außen führten. Sie traten durch eine schmale Tür in die Küche, und Hans stieß gegen die erste Flasche auf dem Fußboden. Es klirrte.

»Nicht zu fassen«, murmelte Rena bei dem Anblick.

Überall, auf dem Küchenboden wie auf der Arbeitsplatte, dem kleinen Küchentisch, dem Kühlschrank und dem Herd, standen und lagen geleerte Bier- und Schnapsflaschen in den unterschiedlichsten Größen herum. In der Spüle türmte sich das Geschirr, auf dem Kühlschrank standen dazu unzählige Dosen, in denen mal Erbensuppe, mal Hundefutter gewesen waren. Viele von ihnen waren mit einer Schimmelschicht überzogen. Rena rümpfte die Nase. Es roch unangenehm, ja, es stank. Hier war schon eine Ewigkeit nicht mehr sauber gemacht worden.

Sie gingen weiter in den Flur. Vereinzelt lagen Flaschen auf dem Fußboden. Hans deutete auf die Garderobe.

»Einen Wintermantel sehe ich nicht.«

Die Tür zum Wohnzimmer war geschlossen, sodass Raudi gar nicht herauskonnte. Er bellte wie verrückt, und als Rena schließlich die Tür öffnete, schoss er wie ein Blitz hervor. Auffordernd sprang er an Rena und Hans hoch. Hans warf einen Blick ins Wohnzimmer. Es herrschte ein heilloses Durcheinander. Auf dem Fußboden entdeckte er zwischen all den umherliegenden Glasflaschen die Weihnachtstüte mit den Keksen, die Moretzka aus der Praxis mitgenommen hatte. Raudi hatte sie zerfetzt. Der Gestank war hier noch stechender, offensichtlich hatte der Hund keine andere Möglichkeit gehabt, als im Wohnzimmer sein Geschäft zu machen.

»Mir schwant Böses«, meinte Rena. »Der Spar-Meier hatte recht.« Sie griff nach der Hundeleine, die an der Garderobe hin, und leinte den aufgebrachten Raudi an. »Komm, vielleicht zeigt er uns den Weg.«

Im Eiltempo zog es Raudi aus dem Haus. Scheinbar mühelos sprang er durch den Schnee und zerrte so stark an der Leine, dass Rena irgendwann unverhofft losließ und ihr dabei der Handschuh von der Hand glitt. Mit hängender Leine hetzte Raudi davon, bis bald nur noch ein kleiner schwarzer Punkt im gleißenden Schnee zu erkennen war. Der Hund stoppte und wartete ungeduldig, bis Rena und Hans aufgeschlossen hatten, nur um dann sofort weiter zu rennen. Erst führte der Weg nach Norden, in die Richtung, in der auch das Geschäft vom Spar-Meier lag, doch dann schlug Raudi einen Haken und rannte querfeldein. In der Nähe eines Knicks verlangsamte er sein Tempo, bis er schließlich stehen blieb und aufgeregt schnüffelte. Atemlos erreichten Hans und Rena den Hund.

»Oh, nein.«

Direkt unter dem Gehölz lag ein Körper, zur Hälfte eingeschneit. Lediglich der Rumpf mit dem grauen Mantel schaute hervor. Hans ging in die Knie und versuchte, mit den Händen Schnee zur Seite zu schieben. Die Schaufel hatte er in der Eile an der Kate stehen lassen. Raudi drängte sich neben ihn und scharrte hektisch. Hans legte schließlich Willi Moretzkas Gesicht frei; eiskalt, bleich und ohne Leben.

»Er sieht friedlich aus«, stellte Rena fest. »Trotz allem. Unglaublich, dass Raudi ihn so einfach gefunden hat.«

Hans erhob sich und zog das Funkgerät aus seiner Jacke. »Feuerwehr Bröderup, bitte kommen.«

Er hoffte inständig, dass die Reichweite ausreichte, und wiederholte die Aufforderung. Nach einer Weile schnarrte es.

»Feuerwehr Bröderup hier. Sind Sie es, Doktor Fink?«, meldete sich Heinz Schröders stark verzerrte Stimme.

»Ich bin es. Ich stehe mitten auf dem Feld bei Sörebyholm. Wir haben einen erfrorenen Mann gefunden. Können Sie veranlassen, dass er geborgen wird?«

»Verstanden. Ich kümmere mich um einen Hubschrauber. Warten Sie dort und machen Sie sich bemerkbar. Ich melde mich.«

»Verstanden, bis gleich.«

Während sie warteten, legten Hans und Rena gemeinsam den Körper des Toten frei. Schließlich zogen sie Moretzka aus dem Knick hervor. Raudi ließ sein verstorbenes Herrchen nicht eine Sekunde aus den Augen. Statt zu bellen, winselte er jetzt herzzerreißend.

»Was machen wir mit dem Hund?«, fragte Rena. »Er hat kein Zuhause mehr.«

Hans antwortete nicht; er wusste schon, worauf seine Frau hinauswollte.

»Ich finde, wir sollten ihn mit zu uns nehmen. Er hat einen guten Charakter. Die Kinder wünschen sich doch schon lange einen Hund. Was denkst du, wie sie sich freuen werden.«

Hans lächelte. »Ich bin ganz deiner Meinung.«

Schon wenig später hörten sie den Hubschrauber kommen. Nachdem er den Toten aufgenommen hatte und wieder gestartet war, liefen Hans und Rena mit Raudi zurück zu Moretzkas Haus, holten seinen Fressnapf und sein Körbchen. Hundefutter fanden sie nicht.

Als sie zu Hause ankamen, wurden die schneeschaufelnden Nachbarn gerade von Lisbeth und Hermann mit heißem Grog versorgt. Die Stimmung war fröhlich, aber Rena und Hans mochten sich nicht recht dazugesellen; und nachdem sie berichtet hatten, was passiert war, sank die gute Laune auch bei den anderen. Hans ging in die Praxis, um die Batterien auszutauschen, während Rena Raudi mit ins Haus nahm.

»Ein Hund«, rief Mascha begeistert aus. »Das ist ja Raudi!«

Schon war sie bei ihm und streichelte ihn hingebungsvoll. »Wieso ist er bei uns?«

»Wir haben Herrn Moretzka gefunden, er ist gestorben«, erklärte Rena.

»Echt?« Erschrocken schaute Mascha auf. »Aber dann braucht Raudi ja ein neues Zuhause«, stellte sie nach einer Weile fest. »Darf er bei uns bleiben?«

»Vielleicht«, antwortete Rena. »Wenn ihn kein anderer möchte ... Ich weiß gar nicht, ob Herr Moretzka überhaupt Familie hatte. Aber jetzt suche ich erst einmal eine alte Bürste. Dann kannst du ihn ordentlich striegeln. Der kleine Kerl steht ja vor Dreck. Und wir brauchen dringend Hundefutter. Ich frage Doris und Werner, die beiden können uns fürs Erste bestimmt etwas abgeben.«

Hingebungsvoll bürstete Mascha kurz darauf Raudi, der es entspannt mit sich machen ließ, und Rena schnitt die verfilzten Zotteln aus seinem Fell, als Hans aus der Praxis kam. Im Wohnzimmer nahm er den Telefonhörer ab. Es tutete.

»Telefon geht wieder«, erklärte er, »Funkgerät auch. Der Doktor ist ab sofort wieder im Dienst.«

Michaela war schon durchgefroren, als sie endlich einen Hubschrauber am Himmel entdeckte. Sie nahm das rote Handtuch vom Boden hoch und schwenkte es aufgeregt hin und her. Tatsächlich kam er näher und landete. Michaela hielt ihre Söhne fest, bis die Rotoren sich weniger drehten und der Wind nachließ. Dann lief sie dem Soldaten, der ausstieg, entgegen.

»Moin. Was können wir für Sie tun? Was für Hilfe brauchen Sie?«, rief er ihr schon von Weitem zu.

»Wir haben keinen Strom, wir müssen unsere Kühe melken. Die Fütterungs- und die Lüftungsanlagen und die Wärmestrahler im Schweinestall gehen auch nicht. Wir brauchen wirklich dringend Strom. Und Kraftfutter.«

»Wir haben leider kein Notstromaggregat dabei. Wir mussten einen Toten bergen. Aber wir versuchen, eines zu besorgen und zurückzukommen. Oder eine andere Besatzung.«

»Das würden Sie tun?« Michaela konnte es kaum fassen. »Heute noch?«

»Moment.«

Der Mann bedeutete ihr zu warten, während er zum Hubschrauber zurückging. Sie sah ihn mit dem Piloten sprechen. Nach einer Weile kehrte er zurück.

»Heute noch. Haben Sie nur noch ein bisschen Geduld.«

Spontan umarmte Michaela den Soldaten. »Danke. Sie sind wirklich unsere Rettung.«

Nachdem mehrere große Bundeswehr-Hubschrauber die Ärzte und ihre Ehepartner aus Bröderup nach Flensburg geflogen hatten, führte der Weg von Ernst Jachmann und den meisten seiner Kollegen direkt in die Klinik. Die erschöpften Ärzte auf den Stationen, die seit Tagen nicht mehr aus dem Dienst gekommen waren, gingen dankbar nach Hause.

Erstaunlicherweise hatte es so gut wie keine Notfälle gegeben. Durch die schlechten Wetterbedingungen waren die Menschen zu Hause geblieben, und dort gab es offensichtlich wenige Unfälle in der Zeit. Lediglich die Dialysepatienten und andere chronisch Kranke mussten versorgt werden. Auch ein paar Hochschwangere wurden in den stürmischen Tagen, oft unter schwierigsten Bedingungen, ins Krankenhaus gebracht. Jetzt allerdings füllten sich die Stationen. Nach vier Tagen Sturm schwärmten die Hubschrauber bei Sonnenschein aus, um alle Kranken in die Klinik zu bringen.

Ernst Jachmann spürte noch die letzte Nacht, die reichlich kurz ausgefallen war, in den Knochen. Was für eine herrliche Feier sie im Krog gehabt hatten. Überhaupt waren es trotz aller Widrigkeiten tolle Tage bei ihren netten Gastgebern gewesen, in denen alle zu guten Freunden geworden waren. Auch wenn die Zeit im eingeschneiten Bus und der Weg zurück nach Bröderup unangenehm gewesen waren, so überwog doch die positive Erfahrung. Zurück am Arbeitsplatz war Ernst Jachmann trotz Schlafmangels hochkonzentriert, denn auf seine Station wurden ständig Patienten mit Unterkühlungen gebracht, die von der Bundeswehr aus misslichen Lagen befreit worden waren.

Gerade kümmerte sich Ernst um einen alten Mann, der beim Schneeschaufeln einen Herzinfarkt erlitten hatte. Die körperliche Arbeit bei der Eiseskälte war zu viel für ihn gewesen, und Jachmann fürchtete, dass es schwer werden würde, den Mann durchzukriegen. Als der Arzt wieder auf den Flur trat, informierte eine Krankenschwester ihn über den nächsten Neuzugang an diesem Nachmittag. Es war ein Ehepaar, das aus Nordfriesland eingeflogen worden war. Über siebzig Stunden hatten die zwei Mittdreißiger in ihrem eingeschneiten Wagen verbringen müssen.

»Drei komplette Tage und Nächte bei diesem Sturm, das muss man sich einmal vorstellen!«.

Die Krankenschwester schüttelte ungläubig den Kopf, als sie Ernst den Fall schilderte. Während es dem Mann recht gut ging, hatte seine Frau schwere Unterkühlungen erlitten. Ernst Jachmann folgte der Schwester mit der Patientenakte in der Hand in das Zimmer der beiden.

»Thomas und Sibylle Schultz«, stellte sie vor.

»Wie geht es Ihnen?«, fragte Ernst, während er dem Mann die Hand schüttelte.

»Mir geht es gut, bei mir sind es nur die Füße, aber meine Frau ...«

»Sie hatte eine Körpertemperatur von 32 Grad nach der Bergung«, sekundierte die Krankenschwester. »Die Frau eines Ersthelfers hat die richtigen Schritte eingeleitet. Sie war Krankenschwester und kannte das noch aus dem Krieg.«

»Wie hoch ist die Temperatur inzwischen wieder?«

»36 Grad, Herr Doktor.«

Sibylle schaute den Arzt mit großen Augen an, der nun erst in die Akte, dann auf das EKG neben dem Bett und schließlich zu ihr blickte.

»Das wird wieder, Frau Schultz«, beruhigte Ernst sie und legte seine Hand auf ihren Arm, der sich unter der Decke abzeichnete. »Wir werden Sie langsam wieder aufwärmen. Ihr Herz schlägt normal, das ist sehr gut. Sie haben Glück gehabt.«

»Ja«, hauchte Sibylle.

»Gott sei Dank, sie ist wieder ansprechbar«, sagte Thomas erleichtert. »Ich sage Ihnen, als wir gerettet wurden … Es hat nicht mehr viel gefehlt.«

Ihm schossen Tränen in die Augen.

»Wie kam es, dass Sie überhaupt so lange stecken blieben?«, wollte Ernst Jachmann wissen.

»Tja, über Weihnachten war es ja gar nicht absehbar, was das für ein Wetter werden würde. Wir wohnen eigentlich in Hannover. Über die Feiertage waren wir bei der Familie meiner Frau in Söreby und sind danach nach Dänemark gefahren. Wir hatten an der Nordsee für den Jahreswechsel ein schönes Haus gemietet. Doch am 29. wollte meine Frau unbedingt zurück, wollte nicht eingeschneit sein, aber weit sind wir nicht mehr gekommen. Nicht mal bis zu unserer Verwandtschaft.«

»Konnten Sie denn Ihr Auto nicht noch rechtzeitig verlassen?«, fragte Ernst weiter.

Thomas fing an zu schluchzen. »Das konnte ja keiner ahnen, dass es so schlimm wird. Wir haben ja nicht einmal gesehen, dass das Haus ganz in unserer Nähe war, sonst wären wir doch noch ausgestiegen und dahingelaufen. Wir hatten Angst, dass wir uns im Sturm verirren könnten. Deshalb sind wir im Auto geblieben.«

»Beruhigen Sie sich. Jetzt sind Sie in Sicherheit, und wir kümmern uns um Ihre Frau. Sie wird es schaffen. Ihre Retter haben absolut richtig reagiert und sie nicht schlagartig zu heißen Temperaturen ausgesetzt.«

»Kennen Sie Doktor Fink?«, fragte Thomas stockend. »Das ist mein Schwager.«

»Doktor Fink aus Söreby?«, rief Ernst Jachmann überrascht aus. »Natürlich kenne ich ihn. Weiß Ihre Verwandtschaft denn schon Bescheid?«

Thomas schüttelte den Kopf.

»Das geht aber nicht. Kommen Sie mit. Soweit ich weiß, funktionieren viele Telefonleitungen wieder. Und wenn nicht, können wir es immer noch über Funk versuchen.«

Raudi genoss seine neue Rolle als Mittelpunkt der Familie. Zufrieden lag er vor dem Kamin auf dem Rücken und ließ sich abwechselnd von allen drei Kindern streicheln. Noch waren Lisbeth und Hermann da, es gab nach wie vor keinen Strom und damit außer dem offenen Feuer keine Wärme und keine andere Kochstelle. Auch das fließende Wasser war noch nicht zurück. Familie Fink würde wieder die Nacht vor dem Kamin verbringen.

»Morgen haben wir bestimmt wieder Strom«, stellte Hans optimistisch in Aussicht.

»Dann werden wir versuchen, in unser Haus zurückzukehren, und sei es zu Fuß«, sagte Hermann. »Wir waren jetzt wirklich lang genug bei euch.«

»Ich bin froh, dass ihr hier und nicht allein bei euch daheim wart«, erwiderte Rena. »Nicht zu wissen, wie es euch geht, und dann auch noch hier ohne Hans zu sein – das hätte mich verrückt gemacht.«

Zum ersten Mal seit Tagen klingelte plötzlich das Telefon, und Hans war schnell davor und nahm den Hörer ab.

»Praxis Doktor Fink … Du bist es, Thomas. Was ist passiert, du klingst so aufgebracht?« Hans' Stimme hörte sich plötzlich selbst angespannt an. »Was sagst du da?«

Lisbeth lief auf ihn zu und riss ihm den Hörer aus der Hand. »Thomas? Was ist passiert?«

Alle waren aufgesprungen und schauten gebannt auf Lisbeth.

»Thomas und Sibylle waren im Auto eingeschneit. Über siebzig Stunden. Nicht zu fassen. Sibylle hat schwere Unterkühlungen.« Lisbeth fing an zu weinen und ließ sich von Hans den Hörer wieder abnehmen. »Hatte ich es nicht gesagt, Renate?«, fragte sie aufgewühlt. »Die ganze Zeit hatte ich so ein schlechtes Gefühl im Bauch, dass den beiden etwas passiert sein könnte. Und jetzt können wir nicht mal zu ihnen fahren.«

Hans sprach mittlerweile mit Doktor Jachmann.

»Wird Bille es schaffen?«, fragte Rena fassungslos, nachdem er aufgelegt hatte.

»Ja, macht euch keine Sorgen. Sie ist gerade noch rechtzeitig geborgen worden«, beruhigte Hans. »So wie es aktuell aussieht, sterben auch keine Gliedmaße ab.«

»Ich wusste, dass etwas nicht stimmte.« Lisbeth wischte sich die Tränen aus dem Gesicht, während Hermann den Arm um sie legte. »Ich wusste es einfach. Die arme Sibylle.«

»Beruhige dich, Mutti, wir hätten es ja nicht ändern können«, erwiderte Rena und legte ebenfalls den Arm um ihre Mutter. »Jetzt sind sie gerettet und in guten Händen.«

Der restliche Abend verlief bedrückt, und weil alle müde vom Tag waren, breiteten sie früh ihre Matratzen aus. Raudi rollte sich zwischen Mascha und Tobi ein. Das Feuer wärmte, und bald waren alle eingeschlafen.

8
Dienstag, 2. Januar 1979

Die Situation heute im nördlichen Schleswig-Holstein: Fünf Tage nach Einbruch der schwersten Naturkatastrophe noch immer eingeschneite Züge auf der Strecke, noch immer von der Außenwelt abgeschnittene Einzelgehöfte. Zwar konnten nach Angaben des Krisenstabes der Landesregierung sämtliche Bundesstraßen geräumt werden, der Weg zu kleineren Ortschaften ist allerdings immer noch nicht möglich. Fünf Tage nach Beginn der extremen Schneefälle rechnet der Krisenstab damit, dass in diesen Stunden nun auch die Stromversorgung im ganzen Land wieder voll in Betrieb ist und dass auch die Telefone überall wieder funktionieren. Kritisch wurde die Situation besonders für die Bauern: Sie konnten ihre Milch nicht loswerden und mussten sie zum großen Teil wegschütten. […]

Hilfe wurde im umfangreichen Rahmen gewährt. Etwa 13.000 Helfer waren unentwegt im Einsatz, um die wichtigsten Versorgungswege wieder freizubekommen. Nicht nur Soldaten der Bundeswehr mit 160 Bergepanzern, sondern auch besonders viele schaufelnde Freiwillige und Angehörige karitativer Organisationen. Nachbarschaftshilfe war ferner die Devise dieser

Tage. 1.000 durchgefrorene Menschen mussten in Notaufnahmelagern untergebracht, 70 Personen mit Hubschraubern in Krankenhäuser transportiert werden. Vier Menschen sind in der Schneewüste erfroren. Im Katastrophengebiet wurde die Bevölkerung heute mithilfe von Hubschraubern aus der Luft mit Brot und anderen Lebensmitteln versorgt. […] Auf den Straßen nördlich des Nord-Ostsee-Kanals besteht für alle Privatfahrzeuge weiterhin striktes Fahrverbot.

Tagesschau, 2.1.1979

*

Das Notstromaggregat knatterte laut, während im Inneren des Kuhstalls das beruhigende Geräusch der Melkmaschine zu hören war. Endlich lief sie wieder, und alle Kühe konnten binnen anderthalb Stunden ausgemolken werden. Sobald Achim und Otto hier fertig waren, ging das Notstromaggregat zurück in den Schweinestall, wo es schon die ganze Nacht im Einsatz und die Temperatur im Inneren mittlerweile deutlich angestiegen war. Auch die Lüftung funktionierte wieder. Gott sei Dank hatten Truelsens genug Diesel vorrätig, sogar die Bundeswehr hatte noch zwei Kanister mitgebracht.

Zum Leidwesen von Carsten und Arne waren die beiden Ferkel zurück in den Stall gezogen. Die Jungen durften sie aber weiterhin mit der Flasche füttern, denn die Muttersau hatte mittlerweile kaum noch Milch und lag teilnahmslos in der Box. Achim und Otto betrachteten sie mit Sorge.

Als sie aus dem Stall traten, leuchteten im Wohnhaus auf einmal die Fenster auf.

»Guck mal, das Licht ist gerade angegangen«, rief Otto. »Wir haben wieder Strom, Gott sei Dank.«

»Gott sei Dank«, wiederholte Achim. Ihm fiel ein Stein vom Herzen. »Das hätten wir nicht einen Tag länger geschafft!«

Er ging sofort zurück in den Schweinestall, um das Notstromaggregat aus- und alle Funktionen auf den regulären Strom umzuschalten.

In der Küche begann Gerdi mit dem Kochen auf dem Herd, und die Temperatur stieg allein dadurch schon etwas an. Otto drehte die Heizungen in allen Räumen auf, bei denen sie nach dem Stromausfall das Wasser abgelassen hatten. Die Pumpe fing an zu arbeiten, und das Wasser gluckerte wieder in den Heizkörpern.

»Endlich wird es warm«, brummte er zufrieden und setzte sich vorsichtig an den Küchentisch.

»Wie geht es eigentlich deiner Verletzung?«, fragte Michaela.

»Ach, die«, wehrte Otto ab, »lass man gut sein.«

»Wir sollten mal wieder den Verband wechseln. Ist schon Tage her.«

»Ist nicht nötig.«

»Doch, doch. Ich schaue es mir an«, erwiderte Michaela. »Wer weiß, wie lange es noch dauert, bis der Doktor dich wieder behandeln kann.«

Michaela holte Desinfektionsmittel und Verbandszeug, und Otto ließ, ohne zu meckern, an Ort und Stelle die Hose herunter.

»Sieht gut aus«, befand Michaela, nachdem sie die alten Verbände abgezogen hatte. Sie klebte frische Pflaster drauf. »Das Schlimmste ist überstanden.«

»Dank deiner Pflege«, ließ sich Otto zu einem Kompliment hinreißen.

»Oh, danke. Da nich' für.«

»Wann gehst du eigentlich wieder in die Praxis?«, wollte Gerdi wissen.

»Keine Ahnung.« Michaela warf das alte Verbandsmaterial in den Müll. »Noch ist ja kein Durchkommen. Aber wenn der Doktor ruft, bin ich natürlich zur Stelle. Auch zu Fuß, wenn es sein muss.«

Seit einer halben Stunde gab es wieder Strom. Auch das Telefon ging wieder. Bärbel Beeck lief mit dem Staubsauger durch den Gastraum und freute sich, den Dreck der letzten Tage effizient wegputzen zu können. Gerade hatten ihre Gäste das Frühstück abgeräumt und halfen Klaus in der Küche beim Spülen. Ein wenig Ruhe war seit gestern eingekehrt. Die Schaupes und Jachmanns waren abgeflogen, Bärbels Schwester Ellen und Claudia bei strahlendem Sonnenschein zu Fuß nach Dellropp aufgebrochen.

»Es war schön hier«, hatte Ellen gesagt, »aber ich will endlich nach Hause.«

Bärbel konnte das gut verstehen.

Die beiden Arztehepaare hatten sich zum Abschied nicht lumpen lassen. Die Wirtin hatte es eigentlich abgelehnt, für sie Rechnungen zu schreiben. Der Krog war zwar ein Gasthaus, aber in diesem Fall hatte sie ja die Not zusammengebracht, und da wäre es Bärbel sehr komisch vorgekommen, die Hand aufzuhalten. Das tat auch gar nicht not, denn Jachmanns und Schaupes hatten selbst ihre Aufenthaltskosten ausgerechnet und aus Mangel an derlei viel Bargeld jeweils einen sehr großzügigen Scheck dagelassen. Das tröstete Bärbel über den Verlust der Hochzeitsfeier hinweg, aber sie und Klaus waren schon mehr als froh, dass sie von dem guten Essen nichts hatten wegwerfen müssen.

Heute wollten die zehn Hochzeitsgäste es wagen, zu Fuß die drei Kilometer zum verhinderten Brautpaar Christian und Jutta Hinrichsen zu laufen. Die Strecke mit dem Auto zu fahren war weiterhin aussichtslos. Alle kleineren Dorfstraßen waren meterhoch zugeschneit, und auch wenn seit heute Morgen eine Fräse, die aus Bayern herangeschafft worden war, im Einsatz war, konnte selbst die Bundesstraße noch nicht wieder durchgehend befahren werden. Abgesehen davon bestand immer noch ein Fahrverbot.

Auch Friedchen und Lene wurden ungeduldig und hofften, es heute auf irgendeine Art und Weise nach Hause zu schaffen. Und während Bärbel so darüber nachdachte und mit dem Staubsauger die Musikanlage im Festsaal erreichte, fiel ihr Manne ein. Sie war tatsächlich so abgelenkt – und zu Silvester auch zu beschwipst und danach zu verkatert – gewesen, dass sie darüber nicht mehr pausenlos nachgedacht hatte. Es beschämte sie. Heinz Schröder hatte sich gar nicht mehr gemeldet. Bärbel griff an der Theke zum Telefon und rief beim Wehrführer an.

»Hier ist keine Vermisstenanzeige eingegangen und es wurde niemand aufgefunden – außer ein Rentner aus Söreby, der sich verlaufen hat und erfroren ist«, erklärte Heinz Schröder. »Ich glaube, du kannst dich entspannen. Ihm wird schon nichts passiert sein. Ruf doch mal direkt bei ihm an.«

»Das mache ich jetzt«, erwiderte Bärbel. »Danke für die Information.«

Hätte ich auch selbst drauf kommen können, dachte sie kopfschüttelnd, während sie die Nummer von Manne wählte. Nach viermaligem Klingeln wurde der Hörer abgenommen.

»Hallo?«

»Manne, bist du es?«

»Jawohl, wer spricht?«

»Hier ist Bärbel Beeck vom Krog.«

»Mensch, Bärbel, wie geht's? Wie ist es euch ergangen?«

Bärbel konnte förmlich sein strahlendes Gesicht sehen.

»Gut ist es uns ergangen. Wir hatten es Gott sei Dank warm«, antwortete sie. »Aber ich habe mir solche Sorgen um dich gemacht. Deine Freundin hatte hier am Polterabend angerufen. Wo warst du?«

»Oh Mann, das war vielleicht eine Geschichte. Tut mir leid, dass ich damals nicht gekommen bin. Das kommt einem ja vor, als sei der Wintereinbruch schon ewig her.« Manne lachte laut. »Ich habe es nicht mal auf die Bundesstraße geschafft. Mein Auto ist stecken geblieben, in der Nähe von Dellropp. Ich hab es stehen lassen und bin zu Fuß zu einem Freund von mir gelaufen. Das hat ewig gedauert, dabei waren es nur ein paar hundert Meter. Tja, der hat mich reingelassen, und wir haben uns ein paar richtig gute Tage gemacht zusammen. Ich bin erst gestern Nachmittag wieder nach Hause gelaufen.«

»Das freut mich zu hören. Aber warum hast du uns nicht Bescheid gesagt?«, wollte Bärbel wissen. Sie spürte einen kleinen Ärger hochkommen.

»Das hab ich doch«, widersprach Manne bestimmt. »Ich habe angerufen, mehrmals sogar. Aber wahrscheinlich war bei euch so viel los und die Lautstärke so hoch, dass es keiner gehört hat.«

»Das ist schon möglich«, erwiderte Bärbel und dachte darüber nach, wie viel sie an diesem Abend herumgerannt war. »Deine Freundin wusste auch von nichts«, fuhr sie vorwurfsvoll fort. »Sie hat geweint, Manne, sie hat sich solche Sorgen um dich gemacht. Warum hast du ihr denn nichts gesagt?«

Am anderen Ende der Leitung blieb es einen Moment still. »Ich weiß, das war ein Fehler«, erklärte Manne zögerlich.

»Mach das nie wieder, hörst du? Das war kein Spaß! Ich hatte mir auch große Sorgen gemacht und dich bei der Feuerwehr schon als vermisst gemeldet.«

»Es tut mir leid, habe ich Heinke auch gesagt. Das war echt dösig von mir. Wenn du nicht angerufen hättest, hätte sie es ja erst mal gar nicht mitgekriegt. Ich hatte an dem Abend bei meinem Kumpel einfach nicht dran gedacht. Der hatte mir gleich ein Bier gereicht, du kennst das doch. Und danach brachen die Telefonleitungen zusammen, da war es zu spät. Sie hat mich schon ordentlich zur Schnecke gemacht deswegen, keine Sorge. Aber weißt du was?«

»Nein.«

»Sie hat Ja gesagt. Wir werden heiraten.«

Jetzt musste Bärbel schallend lachen. »So hast du Heinke beruhigt? Sehr schlau.«

Manne stimmte in ihr Lachen ein. »Hat gut geklappt, war aber sowieso geplant, zumindest mal angedacht. Jetzt habe ich bei der Gelegenheit Nägel mit Köpfen gemacht. Und weißt du, wo wir feiern möchten? Genau, bei euch im Krog. Geht das?«

»Natürlich!« Bärbel war begeistert. »Wann?«

»Erst im Frühling oder Sommer. Wenn der ganze Schnee wieder weg ist. Aber meine Musikanlage hole ich vorher schon, sobald es geht und ich mein Auto wiederhabe. Das liegt ja immer noch in Dellropp irgendwo unter Schnee versteckt.«

»Wir freuen uns, wenn du kommst, Manne«, sagte Bärbel. »Bis bald.«

Erleichtert legte sie den Hörer auf.

Die Nachbarn waren wieder gekommen, um weiter die Zufahrt zur Praxis und zum Haus der Finks freizuschaufeln. Keiner von ihnen hatte heute zur Arbeit fahren können, die Ferien verlängerten sich für alle ungeplant. Durch die zugeschneite Dorfstraße war eine schmale Gasse geschaufelt worden, auf die mittlerweile von den jeweiligen Hauseingängen viele kleine Gässchen führten. Von oben betrachtet sah es aus wie ein Labyrinth. Rechts und links dieser Gässchen erhoben sich meterhohe Schneewände.

Auch heute schien die Sonne, und trotz der nach wie vor klirrenden Kälte konnte man es gut draußen aushalten, weil es windstill war. Die Kinder tobten mit ihren Freunden aus der Nachbarschaft herum; für sie gab es nach Tagen im Haus nichts Schöneres, als die gigantischen Schneeberge mit Plastiktüten oder Schlitten herunterzurutschen und sich Schneeballschlachten zu liefern. Dazwischen rannte aufgeregt Raudi umher. Er blieb nahe an den Kindern, hatte kein Interesse daran, wegzulaufen.

Hans blieb im Haus, das sich langsam aufwärmte, und

hielt Sprechstunde. Jetzt, da Strom und Telefon wieder funktionierten, wählte er die Nummern der Patienten, um die er sich aus sozialen und medizinischen Gründen Sorgen machte, sei es, weil sie allein lebten und einsam waren oder weil er wusste, dass sie bestimmte Medikamente benötigten. Den meisten ging es gut. Hans stellte eine Liste an Hausbesuchen und Medikamenten zusammen. Auch die ersten Patienten riefen selbst wieder an. Darunter war Frau Erichsen, die ihren Blutzucker so schlecht in den Griff bekam.

»Ich hab gar kein Insulin mehr, Herr Doktor«, erklärte sie.

»Wie kann das denn sein?«, wunderte sich Hans. »Ich hatte Ihnen doch erst nach Weihnachten ein neues Rezept ausgestellt.«

»Ach, das schlechte Wetter, der Sturm«, antwortete Frau Erichsen. »Ich hatte das Rezept ja noch gar nicht bei der Apotheke abgegeben. Die letzten Tage saß ich hier nur rum, ganz allein mit meinem Mann. Ich konnte gar nicht gesund kochen, ich hatte ja nicht mal eine Kochstelle, die funktionierte. Und gefroren haben wir, das kann ich Ihnen sagen! Tja, da habe ich eben die Kekse und was sonst noch so da war gegessen. Da brauchte ich mehr Insulin, weil die Werte so hoch waren.«

Hans seufzte angesichts des scheinbar hoffnungslosen Falles. Er überlegte, ob er seine Patientin zur Kur schicken sollte, sobald das wieder möglich war. Sie musste lernen, ihren Diabetes und ihr Essverhalten zu kontrollieren. Er sollte es mit ihr besprechen, so ging es nicht weiter.

»Ich kümmere mich drum«, versprach er.

»Wie soll das gehen?«, fragte Frau Erichsen. »Hier ist immer noch kein Durchkommen, die Straßen, die Wege – alles unpassierbar.«

»Lassen Sie das meine Sorge sein. Bis später.«

Hans legte auf und schrieb Frau Erichsens Namen auf seine Liste. Als die Liste komplett war, setzte er sich mit der Leitstelle in Verbindung. Danach kontrollierte er seinen Arztkoffer, packte weitere Medikamente ein, holte seine Kamera, zog Schuhe und Mantel an und verließ das Haus. Seine Kinder liefen ihm draußen entgegen.

»Machst du mit uns eine Schnellballschlacht?«, fragte Oliver und warf schon den ersten Schnellball nach ihm.

»He, das war fies.«

Lachend stellte Hans seinen Koffer ab und ging zum Gegenangriff über. Raudi bellte und rannte aufgeregt zwischen ihm und den Kindern hin und her. Nachdem ein paar Schneebälle geflogen waren, beendete Hans das Spiel.

»So. Ich muss jetzt auf Hausbesuchstour. Es wird Zeit.«

»Aber mit dem Auto kannst du doch noch gar nicht fahren«, stellte Oliver fest. »Läufst du wieder?«

»Nein, heute nehme ich ein ganz besonderes Fahrzeug. Guckt mal.« Hans streckte den Arm Richtung Himmel.

Das mittlerweile bekannte und beruhigende Geräusch eines Hubschraubers, der immer näher kam, war zu hören. Hans beeilte sich, Richtung Feld zu laufen. Dort wedelte er mit seinen Armen, und die Kinder, die ihm gefolgt waren, taten es ihm gleich. Der Hubschrauber landete mit sicherem Abstand zu der Gruppe.

»Damit fliegst du jetzt?« Tobi blieb der Mund offen stehen.

»Genau. Heute besuche ich meine Patienten mit dem Hubschrauber«, antwortete Hans begeistert.

»Darf ich mit?«, fragte Oliver.

»Nein, das geht heute leider nicht«, bedauerte Hans. »Aber vielleicht ein anderes Mal.«

Er lief dem Soldaten, der ausgestiegen war, entgegen und winkte seinen Kindern noch einmal zu. Nachdem der Hubschrauber abgehoben hatte, zückte er seine Kamera und schoss die Fotos seines Lebens.

Lisbeth und Hermann waren inzwischen unruhig geworden. Es zog sie zurück in ihr eigenes, vier Kilometer entferntes Haus; sie machten sich Sorgen, wie es dort aussehen würde. Es war alt und nicht gut gedämmt, die Heizkörper waren aufgedreht gewesen, als die beiden in dem Glauben, ein paar Stunden später zurückzukehren, das Haus verlassen hatten.

Durch die schmale Gasse entlang der Sörebyer Dorfstraße hatten sich Lisbeth und Hermann auf den Weg gemacht. An den Füßen trugen sie jeweils Schuhe von Rena und Hans, die eher schlecht als recht passten. Auch mit Pullovern musste ihnen ausgeholfen werden, denn auf so eisige Temperaturen waren sie nicht vorbereitet gewesen. Als sie am 28. Dezember nach Söreby fuhren, um auf die Enkel aufzupassen, lagen die Temperaturen noch über null. Es schien eine Ewigkeit her zu sein.

Durch die Gasse kamen die beiden zunächst gut voran, aber kaum hatten sie den Ortskern von Söreby verlassen, wurde es mühsam, durch den Schnee zu stapfen. Als Lisbeth und Hermann schließlich vor ihrem Haus standen, schauten sie etwas entmutigt auf die große Schneewehe, die den Eingang komplett versperrte. Bei ihrem Nachbar fragten sie nach Schaufeln, und er kam gleich mit, um ihnen beim Freiräumen zu helfen.

Drinnen war es eiskalt. Nachdem sie im kleinen Flur ihre schneebedeckten Schuhe ausgezogen hatten, ging Hermann sofort ins Wohnzimmer, Lisbeth in die Küche.

»Oh, nein«, stöhnte Hermann laut auf.

»Um Gottes willen«, kam es aus der Küche.

Lisbeth ging zu ihrem Mann ins Wohnzimmer. »Sieht es hier auch so aus? Oh Gott.«

Sie schlug die Hände vors Gesicht und schüttelte fassungslos den Kopf.

»So schlimm hatte ich es mir nicht vorgestellt«, murmelte Hermann. »Das ist ein mächtiger Schaden.«

Auf allen Heizkörpern hatte sich vor allem an den Ventilen und den Rohren eine dicke Eisschicht gebildet. Risse zogen sich entlang der einzelnen Glieder.

»Erst das Unglück mit Sibylle und Thomas, und jetzt ist hier alles kaputt.« Lisbeth kamen die Tränen.

Sie ging mit Hermann von Raum zu Raum. Überall bot sich dasselbe Bild. Schließlich nahm Hermann den Telefonhörer in die Hand.

»Rena, wir sind es. Wir kommen wieder zurück zu euch. Bei uns sind alle Heizkörper geplatzt.«

Nachdem ihr Vater abgeflogen war, fingen Tobi, Oliver und Mascha an, im Garten eine Höhle in den Schnee zu schaufeln. Eifrig schippten sie die Schneemassen zur Seite und waren stundenlang beschäftigt. Bei Einbruch der Dämmerung war ihr Iglu fertiggestellt. Gleichzeitig kehrten Lisbeth und Hermann zurück. Sie waren von dem Schaden in ihrem Haus noch zu mitgenommen, als dass die Begeisterung der Kinder sie aus diesem Zustand herausholen konnte. Kurz lobten sie das Bauwerk und verschwanden schnell im Haus, wo Rena ihre Eltern in die Arme nahm.

Die Höhle im Schneeberg war so hoch, dass Tobi innen stehen konnte. Alle drei Kinder hockten sich hinein, Raudi setzte sich artig davor, und Hans, der mittlerweile von seinem Hubschrauberflug zurückgekehrt war, fotografierte sie noch schnell, bevor es zu dunkel dafür wurde.

»Wo ist deine Brille, Tobi?«, fragte Rena, als sie später alle am Tisch saßen. Tobi fasste sich überrascht ins Gesicht.

»Weiß nicht.«

»Du hast sie doch heute draußen aufgehabt, das habe ich ganz sicher gesehen. Warum ist sie jetzt nicht auf deiner Nase?«

»Hm.« Tobi zuckte mit den Schultern. »Vielleicht liegt sie in meinem Zimmer.«

»Da warst du doch schon ewig nicht«, wandte Hans ein. »Ich hab auch gesehen, dass du sie bei unserer Schneeballschlacht auf der Nase hattest.«

»Und als wir mit dem Iglubau angefangen haben, hattest du sie auch noch«, ergänzte Oliver.

»Hattest du sie auf, als ich das Foto geschossen habe?«, wollte Hans wissen. »Ich meine, nein.«

Tobi blickte hilflos von seiner Mutter zu seinem Vater. »Ich weiß es wirklich nicht.«

»Dann musst du sie gleich suchen gehen«, verlangte Rena.

Die Brille fand sich nirgendwo, weder in Tobis Zimmer, der es mit Unterstützung von Mascha akribisch aufräumte, noch im Rest des Hauses.

Erst über ein Vierteljahr später, als die Kinder im April zwischen den stattlichen Schneeresten Ostereier suchten, entdeckte Tobi etwas schimmerndes Blaues im Garten, dort, wo sich immer noch der Schneeberg mit ihrem Iglu erhob. Niemand hatte je wieder ein Wort über die verschwundene Brille verloren, und längst trug Tobi ein neues Gestell auf der Nase. Jetzt griff er nach seiner alten Brille und wischte sie sauber. Die Gläser waren zerkratzt, aber ansonsten war sie intakt. Tobi legte die Brille in seinen Korb zu den Schokoladeneiern und suchte weiter.

Anmerkung und Dank

Die Schneekatastrophe 1978/79 löst bei jedem, der sie erlebt hat, starke Erinnerungen aus. Einige kommen in veränderter Form in diesem Buch vor. So gab es den festgesetzten Bus voller Ärzte nach einem fröhlichen Polterabend, Menschen, die auf dem freien Feld erfroren oder hoffnungslos in ihren Autos eingeschneit waren. Die Bauern mussten um ihr Vieh kämpfen. Manche Leute froren daheim, andere hatten es warm. In allen Fällen wuchs die Gemeinschaft.

Trotz mancher Anleihe sind die Geschichten, Personen und Ortschaften in diesem Roman allesamt erfunden.

Mein Dank geht an den NDR, der mir unkompliziert zahlreiche Radio- und Fernsehbeiträge aus den entscheidenden Tagen zur Verfügung stellte. Die Stimmung im Schneetreiben wurde dadurch sehr gut spürbar.

Elfriede Vollertsen, Familie Geißler, Eva-Maria Mattig, Annelies und Dieter Gershoff, Drs. Angelika und Peter Schmidt, Dr. Heinz und Silke Sina, Waldtraut und Hans August Lassen, Hans Diedrich Jürgensen, Gertrud und Erwin Kruse sowie meine Mutter Christina Heinecke und mein Vater Dr. Dieter-Georg Heinecke haben mich mit Gesprächen, Bildern, Originalmaterial und Literatur unterstützt und inspiriert. Unzählige weitere haben mir bei Gelegenheit ihre persönlichen Erinnerungen erzählt und/oder wertvolle Hinweise gegeben. Ihnen allen gebührt mein herzlichster Dank.

Vielen, vielen Dank, liebe Testlesende: Christina Heinecke mit dem Landarztfrauenblick; Conny Kappler und Dani Orth, die immer die Ersten sind; Eva Lochocki für die Hebammenperspektive; Marion Lassen und Harm Kruse als »Locals« und jahrzehntelange Vertraute sowie Rainer Mueller, den besten Mann und schärfsten Korrektor, den es gibt.

Zu guter Letzt danke ich dem Gmeiner-Verlag und meiner Lektorin Claudia Senghaas für die reibungslose und vertrauensvolle Zusammenarbeit.

Freiburg, im März 2022
Julia Heinecke

Alle Bücher von Julia Heinecke:

Schneesturz – Der Fall des Königenhofs
ISBN 978-3-8392-2855-5

Land unter Schnee
ISBN 978-3-8392-0274-6

Heimliche Frucht
ISBN 978-3-8392-0598-3

Bernd Leix
Bachrauschen
Kriminalroman
272 Seiten, 13,5 x 21 cm,
Premiumklappenbroschur
ISBN 978-3-8392-0750-5

Die Gartenschau im Schwarzwald zwischen Freudenstadt und Baiersbronn wirft lange, dunkle Schatten voraus. Ein Jahr vor Beginn des Großevents »Tal X« gibt es am Ufer des Forbachs mehrere rätselhafte Todesfälle. Haben sie etwas mit der Gartenschau zu tun? Soll die Veranstaltung in letzter Minute verhindert werden? Nein, keinesfalls! Der Freudenstädter Oberbürgermeister ist sich sicher, dass die Bevölkerung voller Begeisterung hinter der Gartenausstellung steht. Kommissar Oskar Lindt nimmt die Ermittlungen auf und taucht tief in die Historie des Tals ein.

GMEINER SPANNUNG

WWW.GMEINER-VERLAG.DE
Wir machen's spannend